高校转型发展系列教材

# 交通港站与枢纽实务

肖　倩　主编

李佳洋　张　乐　副主编

U0360594

清华大学出版社

北京

## 内 容 简 介

本书分为绪论、铁路站场、公路站场、水运港口、航空机场、交通枢纽、交通枢纽布局规划七章，较全面地叙述了交通港站与枢纽的基本组成和布局，侧重阐述了港站和枢纽的发展、站场作业及特点、设施设备、布置类型、平面设计、布局规划、流线疏解等内容。本书参考了大量的交通相关资料，强调理论与实际相结合，内容选材新颖，配有大量的港站和枢纽的实景图片。

本书可作为普通高等院校交通运输、交通工程等专业的核心课程教材或教学参考用书，也可作为从事交通工作的专业技术人员的培训教材或参考资料。

**图书在版编目(CIP)数据**

交通港站与枢纽实务 / 肖倩主编. —北京：清华大学出版社，2021.8
高校转型发展系列教材
ISBN 978-7-302-58393-6

Ⅰ.①交⋯ Ⅱ.①肖⋯ Ⅲ.①交通运输中心—高等学校—教材 Ⅳ.①U115

中国版本图书馆 CIP 数据核字(2021)第 117380 号

责任编辑：施　猛
封面设计：常雪影
版式设计：孔祥峰
责任校对：马遥遥
责任印制：刘海龙

出版发行：清华大学出版社
　　　　网　　　址：http://www.tup.com.cn，http://www.wqbook.com
　　　　地　　　址：北京清华大学学研大厦 A 座　　　　　　邮　　编：100084
　　　　社 总 机：010-62770175　　　　　　　　　　　　　邮　　购：010-62786544
　　　　投稿与读者服务：010-62776969，c-service@tup.tsinghua.edu.cn
　　　　质 量 反 馈：010-62772015，zhiliang@tup.tsinghua.edu.cn
印 装 者：三河市铭诚印务有限公司
经　　销：全国新华书店
开　　本：185mm×260mm　　　印　　张：14.25　　　字　　数：304 千字
版　　次：2021 年 8 月第 1 版　　　印　　次：2021 年 8 月第 1 次印刷
定　　价：49.00 元

产品编号：074529-01

# 前言

随着我国高速公路、高速铁路、航空、轨道等各层级交通方式的快速发展，港站和枢纽逐步突显其衔接作用，对城市和区域发展的辐射作用也越来越明显。港站与枢纽作为城市交通体系的重要节点，既是连接城市内外交通的纽带，又是为旅客出行提供便捷、安全服务的重要交通场所。交通运输为国家现代化建设和提高人民物质文化生活水平提供了优质的服务，而港站与枢纽集中了与运输有关的各项设备，因此，掌握交通港站与枢纽的相关知识尤为重要。

为适应我国交通运输系统的快速发展需求，编者编写的《交通港站与枢纽实务》一书，可作为交通运输、交通工程等相关本科专业主干课程的教学用书。本书分为7章。第1章介绍了铁路、公路、港口、航空港等港站的发展历史趋势，以及综合交通枢纽的相关内容。第2章介绍了会让站、越行站、区段站、编组站、客运站、货运站等各类铁路车站的相关作业、设备、布置方式，以及高速铁路车站的设计特点及布置方式。第3章介绍了公路客运站、货运站、停车场等公路站场的构成及平面布局。第4章介绍了水运港口的水域和陆域相关设施的布置。第5章介绍了航空机场的基本组成和各部分的布局设计。第6章主要介绍了铁路枢纽、公路枢纽、城市轨道交通枢纽、水运枢纽、航空枢纽的布局，以及交通枢纽的流线疏解。第7章介绍了交通枢纽布局规划模型和方法，并提供了城市综合交通枢纽规划实务案例。本书注重先进性和实用性，致力于与实际相结合，配有丰富的实景图片，有助于读者提高解决实际问题的能力。

本书由沈阳大学组织编写，肖倩任主编，李佳洋、张乐任副主编。此外，研究生宋博伟、李思凡、王思文、李锦华、宋馥辰、韩沁雅做了大量资料整理、图表绘制工作，在此一并表示感谢。

在编写本书的过程中，编者引用了许多国内外专家、学者的相关书籍和文献，在此对有关著者表示衷心的感谢。由于我国交通系统和相关技术发展日新月异，资料和数据引用不够全面，且作者水平有限，书中难免存在错漏、不妥之处，敬请读者和同行们批评指正。反馈邮箱：wkservice@vip.163.com。

编　者

2021年3月

# 目录

# 第1章 | 绪论

## 教学提示

　　本章介绍了交通港站与枢纽的定义及其重要性，介绍了各种交通港站和枢纽的基本知识和发展历史。通过本章学习，有利于学生了解交通港站与枢纽的发展现状和未来趋势，更有利于学习后续章节。

## 学习目标

◇ 理解交通港站、枢纽的定义；
◇ 理解交通港站和枢纽的重要性；
◇ 掌握铁路、公路、港口、航空港站的发展历史、特点、当前形势以及发展方向；
◇ 掌握综合交通枢纽的发展现状、特点、功能、发展历史及趋势。

## 知识结构

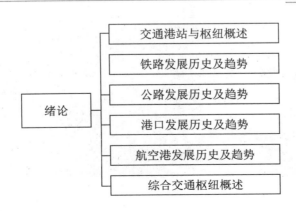

## ⊕1.1 交通港站与枢纽概述

　　交通港站与枢纽是国家或地区交通运输系统的重要组成部分，是交通网络中一种或几种交通方式的交会点。交通港站可以是铁路车站、公路站场，也可以是港口和航空港，它们通过运输线路互相连接。一个城市或地区的交通港站构成了综合性交通枢纽。

### 1.1.1 交通港站、枢纽的定义

#### 1. 交通港站的定义

　　交通港站是通过各种运输方式办理客货运输业务、仓储保管、运输工具保养和修理以及为用户提供相关服务的场所。交通港站包括海港(见图1.1)、河港(见图1.2)、航空港(见图1.3)、铁路车站(见图1.4)、地铁站(见图1.5)、公路站(见图1.6)等。交通港站是交通运输业的生产技术基地，是交通枢纽的主体。各交通港站的功能系统组合构成了枢纽。

图1.1　海港

图1.2　河港

图1.3　航空港

图1.4　铁路车站

图1.5　地铁站

图1.6　公路站

### 2. 枢纽的定义

枢纽通常称为交通枢纽，位于两种或多种干线交通方式的交会处，能够共同办理旅客换乘、货物集散和中转等多种运输业务，是为用户提供综合性运输服务的场所。交通枢纽是交通网络的重要组成部分，可由多个港站组成。从宏观上看，交通枢纽是指交通节点所在的地区或城市，即交通枢纽城市；从微观上看，交通枢纽是指运输节点上各种运输设施(包括线路、车站、车辆等)的综合体，主要用于客货到达、换乘和运输。

2010年，上海建成的虹桥交通枢纽是现今世界上最复杂的综合交通枢纽(见图1.7)。上海虹桥综合交通枢纽集机场、高速铁路、磁悬浮、地铁站、长途汽车站、公交站于一体，总面积相当于200个足球场，是上海与外省市交通联系的重要节点，更是国际循环的重要枢纽。

图1.7　上海虹桥综合交通枢纽

## 1.1.2　交通港站与枢纽的重要性

交通运输的主要任务是安全、迅速、经济、便利地运送旅客和货物，为国家现代化建设和提高人民物质、文化生活水平服务。在完成这项任务中，交通港站和枢纽起着至关重要的作用，主要表现在以下几个方面。

(1) 交通港站与枢纽是运输工作的重要环节，也是运输的基本生产单位。

(2) 铁路车站、公路车站、水运港口、航空港以及交通枢纽都是运输网络的主要组成部分。

(3) 港口和枢纽是连接城乡、省区、国内外的门户。

(4) 港口和枢纽是连接交换和消费以及社会生产与分配的纽带。

(5) 港站与枢纽是保障运输工作质量的重要因素。

# ⊙1.2 铁路发展历史及趋势

## 1.2.1 我国铁路发展历史

**1. 中国铁路开创时期(1876—1893年)**

鸦片战争前后，一些进步人士著书介绍铁路信息和铁路知识，使得铁路知识开始传入中国，书中提出了发展铁路运输的简单途径，但当时清政府并不主张修建铁路。

中国大地上的第一条营运铁路——上海吴淞铁路于1876年6月30日竣工通车。吴淞铁路由英国和美国共同建造，全长14.5公里，被后人称为"中国铁路建筑史的正式开端"。它的建成通车，虽比西方最早修建的铁路——英国斯托克顿至达林顿的铁路晚了半个世纪，但却给中国政府和各省绅商创办铁路带来不小影响。

1881年6月9日，中国第一条铁路——唐山至胥各庄铁路，历经磨难终于动工兴建。唐胥铁路是中国自建的第一条标准轨运货铁路。从1881年唐胥铁路建成到1894年发生中日甲午战争，是中国铁路的首创阶段。这一阶段内，清政府由于洋务派和国内有志之士的不断建议和提倡，终于确定兴建铁路的方针，建立铁路公司，开始有筹划地修建铁路了。

**2. 中国铁路缓慢发展时期(1894—1948年)**

随着中国在甲午战争中的失败，各国列强借机夺取中国铁路权益。1911年，辛亥革命爆发，中华民国成立。辛亥革命后，从1911年至1949年这38年内，中国修建铁路的技术力量较晚清时期有着明显进步，但依旧呈现相当畸形与缓慢的发展局面。

**3. 中国铁路修复和恢复时期(1949—1978年)**

1949年10月1日，中华人民共和国成立，中国铁路线路运营逐步恢复。1949年底，中国铁路运营里程21 810公里，铁路交换量314.01亿吨。1952年6月18日，首列南北铁路(满洲里—广州)贯通，总里程4 600多公里。1953年以来，中国进入了国民经济计划发展时期。直到20世纪80年代，经过5年的规划发展，中国铁路建设取得了辉煌的成就。1976年，党的十一届三中全会以后，国家工作重心转向社会主义现代化建设。20世纪80年代，中国铁路运营业绩为49 940公里。

**4. 中国铁路高速发展时期(1979年至今)**

自党的十一届三中全会以来，中国经济发展进入了一个新的阶段。随着国民经济的快速增长，中国铁路行业的发展顺应潮流，进入了一个新时期。1992年12月1日，新亚欧大陆桥全线贯通并开办国际联运业务。新亚欧大陆桥的贯通便利了我国东西交通，同时加强了我国与国外的联系。2004年《中长期铁路网规划》提出，到2020年，全国铁路营业里程达到10万公里，主要繁忙干线实现客货分线，建设高速铁路1.2万公里以上。2008年修订的《中长期铁路网规划(2008年调整)》提出，到2020年，全国铁路营业里程达到12万公里以上，建设高速铁路1.6万公里以上。2011年《十二五规划》提出，建成"四纵四横"客运专线，建设城市群城际轨道交通干线，建设兰新铁路第二双线、郑州至重庆等区际干线，基本建成快速铁路网，营业里程达到4.5万公里，基本覆盖50万以上人口城市。2020年政府工作报告提出，增加国家铁路建设资本金1 000亿元。

## 1.2.2 我国铁路发展的现况

### 1. 中国铁路客货运量

随着我国铁路网络覆盖面的不断增加以及高铁给人们生活带来的便捷，越来越多的人选择铁路出行。2014年以来，我国铁路旅客发送量持续提升；2019年，全国铁路旅客运输量达到366 002万人，同比增长8.4%，整体增速有所下滑。2014—2019年，全国铁路旅客周转量增长速度虽略低于旅客发送量，但也保持着稳定增长的趋势。2019年，全国铁路旅客周转量为14 706.64亿人公里，同比增长4.0%。2014—2016年，我国铁路货运总发送量呈现下降趋势，2016年，全年铁路货运发送量为333 186万吨，创近年新低。2017—2019年，铁路货运发送量有所回升，2019年，铁路货运增量行动开局良好、成效显著，全国铁路货运总发送量完成43.89亿吨，比上年增加2.96亿吨，增长7.2%。2014—2019年全国铁路货运周转量与货运发送量呈现相同走势，2015年全国货运总周转量为23 754.31亿吨公里，创近年新低。2016—2019年，我国货运旅客周转量平稳提升，2019年，全国货运旅客周转量为30 181.95亿吨公里，同比增长4.7%。2020年受新型冠状病毒的影响，铁路客货运量呈下降走势[①]。

### 2. 铁路技术革新

(1) 大力提高客运列车速度。20世纪60年代，时速为210公里的东海岛新干线在日本率先建成，法国、德国、英国、俄罗斯等国已开始运营时速200公里以上的高速铁路，非高速铁路运营时速普遍达到160公里。20世纪90年代，我国开始在广深铁路上开行160公里客运列车。过去10年，中国已建成世界最大的高铁网络，并成为高铁产品和服务的顶级供应商。目前，中国载人铁路运输的运营时速已达到350公里，截至目前，京沪高铁、京津城际、京张高铁、成渝高铁这4条高铁均已完成提速。

---

① 2019年中国铁路货运量、铁路客运量、资产投资市场现状及2020年铁路信息化建设市场发展前景分析[EB/OL].
  https://www.chyxx.com/industry/202005/867527.html.

到2020年末，全国铁路营业里程达到14.63万公里，比"十二五"末的12.10万公里增长20.9%。其中，高铁营业里程达到3.79万公里，比"十二五"末的1.98万公里翻了近一番。高铁的快速发展吸引了大量客流出行，动车组列车承担客运比重持续提高。2019年，国家铁路完成旅客发送量35.7亿人次，2020年国家铁路完成旅客发送量21.6亿人次①。

(2) 重载货物运输。20世纪20年代，铁路重载技术诞生于美国，加拿大太平洋铁路开创了一种采用自导转向架的计算机控制列车运行新技术，将重载单元列车技术带入一个全新的领域。重载列车(列车重量≥5000吨/列)技术全面代表了运输技术的综合发展水平，目前各国的列车重量标准差别很大，大多依靠铁路机车车辆、线路条件和实际运输需要区分等级。

1992年12月1日，大秦线二期竣工实现全线贯通，标志着我国铁路向重载技术装备与运输组织指挥现代化迈出了可喜的一步。经过近30年的自主创新和建设运营实践，中国重载铁路技术装备水平和运营管理能力显著提升，特别是近年来，中国重载铁路技术取得了突破性进展：重载列车3万吨组合列车试验在大秦铁路成功实施，我国成为世界上仅有的几个掌握3万吨铁路重载技术的国家之一；持续推进30吨轴重机车车辆的研制，搭建了27吨轴重通用、30吨轴重专用货车技术平台，重载货车技术达到世界先进水平；开展了新建30吨轴重重载铁路钢轨、道岔、轨道、路基、桥梁、隧道关键技术攻关；自主研发了重载铁路新型列车移动通信及同步控制系统，进一步提升了中国重载铁路技术水平②。

(3) 新型大功率机车。铁路的牵动动力已经不再是传统的蒸汽机车，而是转向内燃和电力牵引。中国早期内燃机车是由液力传动的，目前中国内燃机车已进入电传动时代。为了适应重载列车，世界各国都在研究和采用新型大功率机车，以增加轮对牵引力。从中长期铁路客运发展来看，随着铁路提速和交直传动客运机车更新换代，需要大批技术先进、性能可靠的大功率客运机车担当主力，大功率快速客运电力机车将拥有广阔的市场空间。经过几十年的发展，目前应用在中国铁路上的多种内燃机车，不仅有着先进的技术水平，更是为中国铁路运输的快捷化和重载化目标起到了重要作用。通过引进消化吸收再创新，我国已掌握了世界先进成熟的铁路机车车辆制造技术，大功率机车的核心技术已为我国所掌握。到2020年中国铁路路网建设达到15万公里，其中高速铁路3万公里，动车组列车承担旅客运量比重达到65%。随着中国标准动车组逐步推广，动车核心零部件国产化率有望提速③。

① 打通最长一"横"，"八纵八横"高铁网加密成型[EB/OL]. http://www.china-railway.com.cn/xwzx/mtjj/xhs/xinhuanet/202102/t20210218_113023.html.
② 中国重载铁路技术取得突破性进展[EB/OL]. https://www.chnrailway.com/html/20181106/1847452.shtml.
③ 2020铁路机车行业现状及发展前景分析[EB/OL]. https://www.chinairn.com/hyzx/20201015/141701983.shtml.

(4) 智能铁路。在高科技信息技术时代新形势的引导下，当前铁路普遍采用先进的信息控制技术和通信信号设备，向智能铁路的方向发展。智能铁路广泛应用云计算、物联网、大数据、人工智能、机器人、下一代通信、北斗卫星导航、BIM(Building Information Modeling，建筑信息模型)等新技术，通过对铁路移动装备、固定基础设施及相关内外部环境信息的全面感知、泛在互联、融合处理、主动学习和科学决策，高效综合利用铁路所有移动、固定、空间、时间和人力等资源，实现了铁路建设、运输全过程、全生命周期的高度信息化、自动化、智能化，打造出更加安全可靠、更加经济高效、更加温馨舒适、更加方便快捷、更加节能环保的新一代铁路运输系统。从产业链来看，智能铁路是一个复杂的系统工程；从整体来看，智能铁路由智能感知层、智能传输层、数据资源层、智能决策层、智能应用层等组成。2020年8月12日，中国国家铁路集团有限公司《新时代交通强国铁路先行规划纲要》指出，到2035年，全国铁路网将达到20万公里，其中高铁线路将达到7万公里。该规划纲要还指出，到2035年铁路自主创新能力和产业链现代化水平要全面提升，铁路科技创新体系要健全完善，关键核心技术装备实现自主可控、先进适用、安全高效，智能高铁率先建成，智慧铁路加快实现[①]。

## 1.2.3　铁路运输的特点

我国人口众多、地域辽阔、资源丰富，在长途大宗客货运输方面，铁路运输有容量大、价格便宜、受自然条件影响小、规划性强、可靠安全等优点。铁路运输已成为我国重要的运输方式。

**1. 铁路运输的优点**

(1) 铁路运输能力大，一列货物列车一般能运送3000～5000吨货物，远远高于航空运输和汽车运输。

(2) 铁路运输成本较低，运输费用仅为汽车运输费用的几分之一到十几分之一，运输耗油约是汽车运输的二十分之一。

(3) 铁路运输受气候和自然条件的影响较小，一年四季可以不分昼夜地进行定期的、有规律的、准确的运转，能保证运行的经济性、持续性和准时性。

(4) 铁路运输的计划性强，运输能力可靠，比较安全，风险远比海上运输的风险小。

(5) 铁路运输可以实现驮背运输、集装箱运输和多式联运。

---

① 智慧铁路新时代开启 2020年中国智慧铁路产业链投资图谱分析[EB/OL]. https://new.qq.com/omn/20200814/20200814A0NIXG00.html.

**2. 铁路运输的缺点**

(1) 铁路运输在建设初期需要铺设轨道、建造桥梁和隧道，建设工程艰巨且复杂，建设投资大、周期长，占用固定资产多。

(2) 铁路运输受轨道线路限制，灵活性较差，难以实现"门到门"运输，通常需要其他运输方式配合才能完成运输任务。

(3) 铁路运输始发和终到的作业时间较长，不利于运输距离较短的运输业务。

## 1.2.4 高速铁路的发展

自20世纪60年代以来，发达国家的高铁数量不断增加，铁路发展进入新阶段。高速铁路系统的快速发展引发了世界范围内深刻的交通革命。

**1. 列车时速的演变**

自从列车被发明以来，全世界的科学家一直在尝试提高其运行速度。1825年，第一列火车在英国诞生，其最高运行时速仅为24公里；1829年，列车的最高运行时速提高到47公里，短短4年内就提高了近一倍；1955年，法国已经开始试验电力机车系统，经过测试，列车最高运行时速达到311公里；1964年，日本开始试验新干线，此后列车试验时速加速更新；1981年，法国高速列车试验时速达到380公里；1988年，德国研发出时速406.9公里的列车；6个月后，法国又一次创造了新的纪录，列车时速达到482.4公里；1990年5月18日，法国高速列车将试验时速进一步提高，达到515.3公里；2003年12月2日，日本磁浮列车试验时速达到581公里。

近年来，随着社会主义市场经济的发展和运输市场竞争的加剧，我国开始注重提高旅客列车运行速度，最高试验时速到520公里，最高运行时速达到486.1公里。

**2. 世界高速铁路发展概况**

高铁技术的逐步发展，为铁路发展创造了新的机遇，给各国经济发展提供了更强的动力。高铁系统的成功不仅极大地促进了亚洲和欧洲国家的经济快速发展和社会进步，还有力地推进了各国高速铁路的发展规划。

在亚洲，世界上第一条高速铁路北海道新干线于1964年10月1日在日本建成通车，当时列车最高运行时速达210公里，截至2020年，日本以3 446公里铁路运营里程位居世界第三；2004年，从韩国首尔到釜山的一条412公里的高速铁路开通，最高时速达300公里；2020年11月26日，印度国家高铁与日本新干线终于签建造合同。截至2020年底，亚洲高速铁路已经拥有2 926公里长的里程，排名全球第五。

在欧洲，第一条高速铁路客运专线是1981年法国投入运营的TGV(高速列车)东南线，其全长417公里，列车最高运行时速从最初的290公里提高到300公里。1989年，TGV大西洋航线(282公里)投入运营。1993年，TGV北线(333公里)投入运营。1994年，

TGV东南延伸线(148公里)投入运营。1996年，巴黎地区联络线(128公里)开通。2001年6月10日，TGV地中海线(295公里)再次投入运营。2003年，TGV地中海线路部分路段(约40公里)的最高时速已达320公里。在德国，从汉诺威至威尔茨堡的铁路(326公里)和从曼海姆至斯图加特的铁路(99公里)于1991年运营，时速为280公里。1998年，从汉诺威至柏林的铁路(264公里)投入运营(包括170公里的高速线路)。2002年8月1日，科隆至法兰克福的高速铁路(219公里)投入运营，时速300公里，成为德国第一条客运专线。

1992年4月21日，巴塞罗那奥运会前夕，西班牙开通高速铁道。西班牙高速列车(Alta Velocidad Española，AVE)，采用法国技术，最高时速可达每小时300公里。截至2020年，西班牙高铁全长4 900公里，排名全球第二，形成一个现代化的高速路网，跻身于世界铁路的先进行列。

截至2020年底，我国高速铁路运营里程达3.79万公里，占全球高速铁路里程的60%之多，相当于在"十三五"期间翻了近一番，稳居世界第一。

## ■ 案例：青藏铁路破解三大世界性工程难题

1. 高原生态未受明显影响

青藏高原是巨川大河的发源地，也是世界山地生物物种的重要起源中心，生态环境原始、独特而脆弱。青藏铁路开工建设以来，沿线冻土、植被、湿地环境、自然景观、江河水质等，得到了有效保护。

2. 创造无一例高原病死亡的奇迹

青藏铁路海拔4000米以上的地段占全线85%左右，含氧量只有内地的50%～60%。高寒缺氧，风沙肆虐，紫外线强，自然疫源多，被称为人类生存极限的"禁区"。在海拔4600多米的昆仑山隧道施工时，施工人员背着5公斤重的氧气瓶，边吸氧边工作，青藏铁路沿线共建立了17座制氧站，配置了25个高压氧舱，数万名职工每人每天平均吸氧不低于2小时。

3. 世界冻土工程的博物馆

在修建世界海拔最高、冻土区最长的高原永久性冻土隧道时，相继攻克浅埋冻土隧道进洞、冰岩光爆、冻土防水隔热等20多项高原冻土施工难题。不少冻土工程措施都是国内外首创的，青藏铁路可谓"世界冻土工程的博物馆"。

资料来源：青藏铁路破解三大世界性工程难题[EB/OL]. http://www.cas.cn/xw/kjsm/gndt/200906/t20090608_644834.shtml.

# → 1.3 公路发展历史及趋势

## 1.3.1 我国公路发展历史

我国公路网从牛车路到现代化公路，大致可以分为古代道路、近代道路和现代公路三个阶段。

### 1. 古代道路(公元前21世纪—公元1911年)

早在公元前2000年，中国就已有可以行驶牛车和马车的道路。根据古代史研究的记载："黄帝作车，任重道远，少昊时略加牛，禹时奚仲驾马。"商朝(公元前16世纪—公元前11世纪)开始重视道路交通，商汤的祖先"服牛乘马"，远距离经商，揭开了以畜力为交通运输动力的历史。古代文献中记载，当时人们已经懂得夯土筑路，并利用石灰稳定土壤。西周(公元前1066—771年)时期，我国道路已初具规模。秦汉时期，邮政体制得到发展，在道路修建方面有统一的质量标准。公元前2世纪，中国通往中亚细亚和欧洲的丝绸之路开始发展起来。秦汉时期，中国也发展了馆驿制度，十里设亭，三十里设驿，西汉设亭道路延续总长可达10万里。唐代是中国古代道路发展的高峰期，初步形成了以城市为中心的道路网。宋、元、明时期，邮政路网的建设和管理也随之发展。清代的路网体系分为三个部分：从北京向全国各省市辐射的官马路；从全国重要城市到地方重要城市的道路；从道路或重要城市到城镇的支线，并在每条道路的重要位置设置驿站。

### 2. 中国近代道路(1912—1949年)

中国近代道路的发展时期是指从清朝灭亡到中华人民共和国成立这一时期，虽然经历时间较长，但发展速度缓慢。当时，大多数地区的交通设施很难通过汽车，大多是马道。这一历史时期大致可分为清末北洋政府时期、国民政府时期、全面抗日战争时期和解放战争时期四个阶段。

(1) 清末北洋政府时期(1912—1927年)。该时期是中国公路的萌芽阶段。中国第一条公路是1908年苏元春驻守广西南部边防时兴建的龙州—那堪公路(全长30公里)，但因工程艰巨，只修通龙州至鸭水滩一段(全长17公里)。1920年，山东烟台开始修建烟(台)潍(坊)公路，该公路1922年8月开始运营。这一时期修建的都是军用公路，既没有规划，也没有标准化。据统计，截至1927年，中国公路通车里程约2.9万公里。

(2) 国民政府成立初期(1927—1936年)。该时期，公路被列入国家建设计划。1927年，交通运输部和铁道部制定了国家公路规划和公路工程标准。1932年，国家经济委员会筹备处监督江苏、浙江和安徽省的公路建设。据统计，截至1936年6月，中国公路通车里程达到11.73万公里。

(3) 全面抗日战争时期(1937—1945年)。抗日战争初期,平汉、岳汉等几条铁路干线几乎被日寇切断,上海、广州等港口也被封锁,为了与后方联系,开辟了新的公路,公路成为陆路运输的主要道路。在此期间新建公路14 431公里,其中大部分远在地理和自然条件较差的边陲地区,不论是勘察、设计还是施工,工程都非常艰巨,其宗旨是为军队服务,标准和质量要求不高。据统计,截至1946年12月,我国公路总里程已达130 307公里。

(4) 解放战争时期(1946—1949年)。抗日战争胜利后,由于进行解放战争,公路交通仍然以军用为主,道路建设不仅没有取得多大进展,而且遭到严重破坏。截至中华人民共和国成立前夕,全国公路能通车的只剩下7.5万公里。

### 3. 中国现代公路(1949至今)

中华人民共和国成立后,中国公路的现代化建设主要经历了以下几个时期。

(1) 国民经济恢复时期(1949—1952年)。在这个时期,我国建立了自上而下的公路管理机构,并组建了专业公路设计施工队伍。同时,国家颁布了一系列有关公路的法律法规。在此期间,我国又进行了全国道路调查,全面恢复并改善了原有道路。1952年底,全国公路通车里程已达12.6公里,为第一个五年计划的实施奠定了基础。

(2) 第一个五年计划时期(1953—1957年)。该时期是我国公路建设的稳定发展期,各级公路部门对各种管理制度和技术规范进行了补充和完善,各项工作步入正轨。1955年,国务院下发了《关于加强公路养护和民工修筑地方公路的指示》,使专业队伍和群众的紧密结合起来,加快了公路的建设。1957年底,我国公路通车里程达到了25.4万公里。

(3) "大跃进"和国民经济调整时期(1958—1966年)。1958年,我国制定了"简易公路"标准,公路里程急剧增加,但公路质量标准较低。据统计,截至1965年底,我国公路通车里程为51.4万公里。

(4) 十年动乱时期(1966—1976年)。在此时期,我国公路建设仍在发展,渣油路面发展较快,十年内公路里程增加了10万公里。大部分木桥改造成了永久性桥梁,永久性桥梁的比例从45%左右提高到90%,干线上的大量渡口也改造成了桥梁。

(5) 社会主义经济建设新时期(1977—1983年)。该时期是公路改革和完善的新阶段。在这一时期,我国恢复和改革了各项规章制度,加强公路养护,扭转了路况下降的局面,及时修复了原有超龄渣油路面。1979年,我国进行了国家公路勘测和国家公路网划定工作。1977年至1983年,我国新修公路达9万多公里,新建永久性桥梁近2万座。1983年底,全国公路里程达到91.5万公里,是1949年的10.5倍。

(6) 第七个五年计划时期(1986—1990年)。在此期间,国家明确表示交通运输业是国民经济发展的瓶颈产业。国务院批准设立公路建设专项资金和车辆购置附加费。汽车专用公路的概念被首次提出，国家开始大规模建设汽车专用公路，建设了上海至嘉定、沈阳至大连等约600公里的高速公路，使中国内地有了高速公路。"七五"末期，全国公路通车总里程102.8万公里，其中高速公路522公里，公路里程以平均每年增加1.7万公里的速度发展着，已根据国家公路网规划，形成了"五纵七横"共12条国道干线规划。

(7) 第八个五年计划时期(1991—1995年)。该时期，我国公高等级公路里程快速增长，某些地区已逐步形成以高速公路为主的高等级干线公路网。1993年，我国兴建了世界上最长的沙漠高速公路。截至1994年底，我国公路通车里程为110万公里，其中高速公路1 603公里，一级、二级汽车专用公路9 174公里，已初步形成以北京为中心，与各大城市、省会及沿海经济开发区之间的四通八达的公路网。1995年10月4日，中国在流动沙漠中修筑的第一条等级公路——塔里木沙漠公路全线正式通车。

(8) 现代化时期(1996年至今)。我国自20世纪80年代开始高速公路修建以来，全国高速公路规模发展迅速，到1996年底，全国公路通车总里程已达118.6万公里，其中包括高速公路3 422公里。2010年底，我国公路通车里程达395万公里，是1949年的49倍。截至2021年4月，中国高速公路总里程达16万公里，位居全球第一。近几年，中国高速公路里程增长缓慢，但也反映出我国高速公路建设布局日趋完善。

> **知识窗**
>
> ### 沙漠公路
>
> 塔里木沙漠公路是目前世界上在流动沙漠中修建的最长的公路。该公路于1993年3月动工兴建，1995年9月全部竣工。
>
> 新疆第二条沙漠公路——阿拉尔至和田沙漠公路再次纵贯被称为"死亡之海"的新疆塔克拉玛干沙漠，该公路全长424公里，为二级公路，总投资7.9亿元，2008年10月正式通车。
>
> 资料来源：世界公路史上的奇迹——塔里木沙漠公路[EB/OL]. https://www.sohu.com/a/85321551_372830.

## 1.3.2 我国高速公路发展历史

中国交通运输部《公路工程技术标准》规定：高速公路是指"能适应年平均昼夜小客车交通量为2.5万辆以上，专供汽车分道高速行驶，并全部控制出入的公路"。我国高速公路发展历史如下所述。

(1) 1988年，我国第一条高速公路沪嘉高速公路建成。沪嘉高速公路是我国第一条按照高速公路工程技术标准设计和施工的高等级公路工程，全长18.5公里，全路设计时速120公里,双向四车道,中央分隔带宽3米,全封闭,全互通。该高速公路沿线共有3座大型互通式立交桥,交通标志、标线和交通监控系统齐全。沪嘉高速公路的建成结束了中国内地没有高速公路的历史,促进了其他地区的高速公路建设。

(2) 1989年7月,首届全国高等级公路建设工地会议在沈阳召开。本次会议是高等级公路建设专题研究的第一次会议,提出了今后高等级公路建设的十项政策措施。

(3) 1990年9月,沈大高速公路通车,沈大高速公路全长375公里,连接沈阳、辽阳、鞍山、营口、大连五市,是当时我国设计和建设的最大、最高标准的公路建设工程。

(4) 1993年6月,交通运输部在山东省召开全国公路建设工作会议,明确了国家干线"两纵两横三重要段"的建设任务。1993—1997年,我国加快国道建设速度,建成高速公路4119公里。京津唐、济青、成渝、沪宁等一大批高速公路相继建成通车。

1993年,京津唐高速公路通车。该高速公路是国务院批准的第一个利用世界银行贷款建设的跨省市高速公路项目,全长142公里,时速120公里,具备监控、通信、收费等功能,配备照明等服务设施。通过这条道路的建设,我国制定了第一部高速公路工程技术标准。

1993年底,济青高速公路建成通车。该高速公路西起济南,东起青岛,全长318公里,双向四车道,设计时速110公里。

成渝高速公路于1995年12月通车,全长340公里。

1996年9月,沪宁高速公路通车,江泽民同志题名。该高速公路全长275公里,双向四车道,设计时速120公里,是我国高速公路发展史上的里程碑,极大地推动了我国高速公路的发展。

1997年下半年,党中央、国务院决定实施积极的财政政策,加快基础设施建设,扩大内需。

(5) 1998年,交通运输部在福州召开全国加快公路建设工作会议,对加快公路建设作出部署,提出到2000年"两纵两横三条重要路段"中的京沈、京沪、西南海上通道全面贯通,高速公路里程达到8000公里。1998年,全国公路建设完成投资2168亿元,建成高速公路1663公里。1998年,我国高速公路总里程达到8733公里,居世界第四。

(6) 1999年,我国高速公路总里程突破1万公里,接近世界第三水平。2000年9月15日,京沈高速公路通车;2000年12月18日,京沪高速公路通车。2000年底,我国高速公路总里程达到1.6万公里,居世界第三位。2004年底,我国高速公路总里程达3.4万公里,居世界第二。截至2007年底,我国高速公路通车总里程达5.36万公里。

(7) 2008年,我国高速公路里程新增6433公里,高速公路通车总里程达到6.03万公里。2009年,我国高速公路里程新增4719公里。2009年底,中国高速公路的通车总里程达6.5万公里。2010年底,中国高速公路的通车总里程达7.4万公里,继续居世界第二。

2012年，全国高速公路通车里程已达9.6万公里，已经超越了美国的9.2万公里，居世界第一。2015年底，我国的高速公路总里程达到11.7万公里。2017年，我国的高速公路里程增加到了13.1万公里，比美国的高速公路里程多了近3万公里。直至2021年，我国高速公路总里程达16万公里，稳居世界第一。

## 1.3.3 我国公路发展趋势

当前，我国公路交通正处于扩大规模、提高质量的快速发展时期，具体表现在以下几个方面。

**1. 公路运输需求快速增长**

随着公路基础设施建设的快速发展，公路运输能力在国民经济的增长和人民生活水平的提高中发挥着越来越重要的作用。但是，随着运输需求的持续增长，我国仍然存在公路运输供应不足的问题；随着经济的进一步发展，我国公路运输的需求将继续快速增长，大宗商品和初级产品在公路货运中的比重呈下降趋势，但对交通服务质量和水平的要求越来越高。

**2. 向智能运输系统方向发展**

智能交通系统是将先进的信息技术、数据通信与传输技术、电子控制技术和计算机处理技术等在整个地面交通管理系统中应用的综合系统。该系统与公路相关的各类设施紧密配合，协调统一，让公路运输更具信息化、智能化，从而使公路运输综合管理系统呈现高效、实时、准确、全面的特点。

**3. 与现代物流日益融合**

由第三方物流公司组成的新型物流服务业是我国当前经济发展的新生产力。随着经济的发展，小批量、多品种、高价值货物的数量逐渐增加，在运输的服务质量和时效性方面的要求也越来越高。加速公路运输和现代物流方向的发展和整合，不仅可以满足现有国内市场的需求，还可以满足经济全球化趋势和中国加入世贸组织带来的压力和挑战。

**4. 以集约化经营、规模化发展为主要方向**

公路客运在综合运输体系中占有基础性地位，是为社会经济发展和人民群众的出行提供基础服务的重要产业。由于国民经济的不断发展和人民生活水平的不断提高，人们对公路客运的需求逐渐增大。不管是我国社会经济高速发展的大环境，还是交通便利性和经营条件改善的小环境，都对公路客运发展方向提出了战略转型的要求，集约化经营、规模化发展已成为公路客运发展的主要方向，也将成为现阶段我国道路客运发展的主要战略目标。

**5. 向快速、长途重载发展**

随着区域经济的发展以及公路基础设施的不断完善，中长途公路运输需求持续增长，公路货运正在朝快速、长途重载发展。大吨位、重载特种运输车辆因高速、安全、单位运输成本低廉，而成为未来道路运输车辆的主力军。

# ⊕1.4 港口发展历史及趋势

## 1.4.1 我国水运港口发展

### 1. 我国早期海上运输业及港口发展

中国的水运历史悠久。从新石器时代到封建王朝，再到中华人民共和国成立，中国港口建设有着自己的历史脉络。

早在新石器时代，先民就在天然河流上广泛使用独木舟和木筏，从浙江河姆渡出土的木桨就证明我国东南沿海渔民2000多年前曾用桨出海捕鱼、打猎。春秋战国时期，水上运输已十分频繁，港口应运而生，当时已有渤海沿岸的碣石港(今秦皇岛港)。汉代的广州港、徐闻港、合浦港已与国外有频繁的海上通商活动。长江沿岸的扬州港在唐代是一个比较发达的国际贸易港，兼有港口和河港的特点。广州、泉州、杭州和明州(今宁波)是宋代的四大海港。

### 2. 近、现代中国海上运输业及港口概况

鸦片战争后，列强用炮艇强行打开中国的大门，签订了一系列不平等条约，使沿海海关和港口完全由外国人控制，内河航运权丧失，1949年以前，中国港口几乎瘫痪状态。中华人民共和国成立初期，我国(台湾地区除外)仅有60个万吨级泊位，码头岸线总长仅2万余米，年吞吐量仅500多万吨。此时，大多数港口处于原始状态，装卸货物靠人抬肩扛。中华人民共和国成立后，我国水运和港口开始焕发新的生机，经历了5个不同的发展时期。

(1) 20世纪50年代到70年代初。由于帝国主义的海上封锁，该时期的运输主要依靠铁路，海上运输的发展缓慢。在这个时期，我国港口发展以技术改造和恢复利用为主。

(2) 20世纪70年代。在此时期，随着我国对外关系的发展，对外贸易和航运量的迅速扩大，沿海港口货物的通过能力呈现不足，港口、货物和车辆的压力不断增加，周恩来总理发出了"三年改变港口面貌"的号召。1973年初，我国开始了第一次港口建设高潮。1973年至1982年，我国共建成51个深水泊位，新增吞吐能力1.2亿吨，中国港口建设队伍经过培训初步形成，为今后的港口发展打下了良好的基础。

(3) 20世纪70年代末到80年代。在这个时期，我国的经济发展进入了一个新的历史

时代。在"第六个五年计划"(1981—1985年)中，我国政府将港口列为国民经济建设的战略重点，进入第二次港口建设高潮，港口建设进入快速发展阶段。在"第六个五年计划"期间，我国建成深水泊位54个，新增吞吐量1亿吨；我国的万吨级泊位由1980年的11个增加到1985年的15个，吞吐量达到3.17亿吨。在"第七个五年计划"期间，我国沿海港口的建设发展是以往40年来最快的，在此期间建成了186个泊位，新增吞吐量1.5亿吨，其中96个是深水泊位。

(4) 20世纪80年代末到90年代。随着改革开放和国际航运市场的发展，我国开始强调深海泊位的建设和专业化，特别是七届全国人大四次会议以后，通过《中国十年发展规划纲要》和《八五规划纲要》，明确交通运输是基础产业，为了适应社会主义市场经济的进一步发展，第三轮港口建设的重点是中国海上主航道枢纽港口，以及煤炭、集装箱和客货滚装船三大运输体系码头。1997年底，中国沿海港口中位泊位超过1446个，其中深泊位553个，装卸能力是改革开放初期的4倍，吞吐量从1980年的3.17亿吨增加到1997年的9.68亿吨，基本形成了中小型港口适度发展的等级结构，同时初步形成了较为完整的水运运营、管理体系、建设和科研体系。

(5) 20世纪90年代末至今。随着贸易自由化和国际运输一体化的发展，现代信息技术和网络技术随着经济全球化而飞速发展。现代港口不再只是货物交换的场所，而是国际物流链的重要环节。尤其是在21世纪以后，经济全球化进程加快，技术革命飞速发展，产业结构不断优化升级，我国开始了新港口建设的高潮。截至2003年底，我国沿海港口共有4274个生产泊位，其中万吨级以上泊位748个，综合吞吐量为16.7亿吨，货物纵吞吐量为20.64亿吨。

2012年末，全国港口生产泊位31 862个，其中沿海5632个，内陆26 239个。2012年末，全国港口万吨级以上泊位1886个，比上年末增加124个，其中沿海万吨级以上泊位1517个，比上年末增加95个；内河港口万吨级以上泊位369个，增加29个。2012年末，1亿吨以上港口由上年的26个增加到29个，其中1亿吨以上沿海港口19个，1亿吨以上内河港口10个。2012年末，集装箱吞吐量100万TEU以上的港口从上年的19个增加到22个。

"十三五"期间，我国重大战略的实施成为水运发展的重大机遇，"一带一路"倡议、京津冀协同发展、长江经济带建设、东北老工业基地振兴，交通运输部制定了相应的规划和部署，为国家战略服务。2020年，我国形成环渤海、长江三角洲、东南沿海、珠江三角洲和西南沿海5个港口群。

## 1.4.2 水路运输的特点

水路运输的主要适用范围包括以下几个方面：承担大量货物的运输，特别是集装箱的运输任务；承担同等原材料，以及半成品的运输；承担国际贸易运输，即长途、大运量、不需要快速到达目的地的国外港口的客货运输。

### 1. 水路运输的优点

水运可实现大吨位、大运量、长距离运输，具体优点表现在以下几个方面。

(1) 运力大，能运输大量货物；用途广，适合客货两用。在海上运输中，超大型油轮载重55万吨，矿石船载重35万吨，集装箱船载重7万吨；在内河运输中，我国大型推船船队的承载能力达到3万吨，是铁路列车的10倍，在运输条件好的通道内，通过能力几乎是无限的。

(2) 运输成本低，可以以最低的单位运输成本提供最大的货运量，特别是在运输散货时，专用船舶运输可以取得较好的技术经济效果。水运方式主要通过天然水道实现，航线是天然的，只需花费少量资金对其进行改造，并维护船舶标志设施，就可供船舶使用。水运运输成本约为铁路运输的1/25～1/20，为公路运输的1/100。

(4) 平均运输距离很长。

(5) 水上运输消耗的能源较少。

### 2. 水路运输的缺点

水路运输的缺点表现在以下几个方面。

(1) 受自然气象条件影响大，通航风险高，安全性小。

(2) 经营范围有限。

(3) 水上运输的速度比其他运输方式慢。

(4) 装卸成本和装卸成本都很高。

## 1.4.3　我国未来港口发展趋势

根据国际集装箱运输发展态势、我国的发展需求以及目前的重要问题，我国集装箱港口的发展方向主要包括5个方面。

### 1. 优化配置港口资源,积极调整港口结构

大型船舶和运输规模的不断扩大，促进了全球集装箱运输航线和港口结构的调整，新一轮的港口和码头岸线整合正在进行中。港口集团不断整合和统一码头资源，争夺区域航运中心。

### 2. 大力推进集装箱海铁多式联运

在我国沿海大型集装箱港口集疏运体系中，铁路份额不足，严重制约了港口的运营效率和规模。铁路运力的提高和铁路集装箱的发展，既是集装箱港口进一步发展的重要举措，也是铁路集装箱发展的必然要求。

### 3. 充分利用内河航运资源发展集装箱运输

内河航运具有资源节约和环境友好的优势，但我国水运行业现代化建设薄弱，因此

发展潜力巨大。今后在有条件或可以创造条件的地区要优先发展内河集装箱运输，充分利用内河航道建立大型港口的集疏运通道网络。

### 4. 积极发展水路内贸集装箱运输

近年来，得益于港口建设的完善，我国水路内贸集装箱运输市场迅猛的发展，截至2020年我国港口集装箱吞吐量为26 430万吨，同比增长1.6%。这对中国的沿海和内陆运输来说是一个良好的条件。未来，我国要加强与铁路内贸集装箱运输的多式联运，不断建设和完善内贸集装箱运输体系。

### 5. 强化自主创新，加快技术创新

随着科学技术的飞速发展，加强自主创新和建设创新型国家已成为中国社会经济发展和新世纪交通运输业发展的必然选择。因此，需要加快集装箱港口的技术创新，提高港口建设、运营和管理的信息化和智能化水平。

## ⊕ 1.5 航空港发展历史及趋势

### 1.5.1 我国航空港发展历史

飞机是20世纪最伟大的发明之一，航空运输也是最发达的运输方式。1903年，美国莱特兄弟制造了第一架飞机"飞行员1号"。1910年，莱特公司开始使用飞机运输货物。1933年，世界上第一架"现代"全金属单翼运输机波音247飞机诞生。1939年，涡轮喷气发动机出现。1942年，第一代喷气机贝尔XP-59A出现。1945年以来，主要类型的航空运输机(如波音)发展呈现一系列趋势。1949年11月2日，中国民用航空局成立，为中国民航的发展开辟了先河。中国民航的发展经历了4个阶段。

### 1. 1949—1978年

在此期间，由于民航领导体制的变化，航空运输的发展受到政治和经济的极大影响。1978年，我国航空客运量仅为231万人次，运输总周转量为3亿吨公里。

1949年之前，中国内地只有36个主要的航空运输机场，包括上海龙华机场、南京大学机场、重庆珊瑚坝机场和重庆九龙坡机场。这些机场大多设备简陋，经过了多年战争和破坏，迫切需要重建和改造。

1957年末，中国民航拥有118架各种类型的飞机。民航重点建设了天津张贵庄机场、太原亲贤机场、武汉南湖机场和北京首都机场。首都机场始建于1958年，此后中国民航拥有了较为完备的基地。

自从1961年以来，民航系统认真执行了中央政府"调整、巩固、充实、完善"的方针，使民航业重回正轨，实现了更大的发展。到1965年，国内航线增加到46条。1965年末，中国民航拥有了各类飞机355架。1963年，中国民航购买了一台英国子爵号飞机，结束了长期仅使用前苏联飞机的局面。之后，为适应机型更新和发展国际通航需要，我国新建或改建了南宁、昆明、贵阳等机场，并相应改善了飞行条件和服务设施，特别是完成了上海虹桥机场和广州白云机场的扩建工程。

1973年，中国民航仅运输机总数达到117架，能够更好地实施"内外结合，远近兼顾"的经营策略。从1975年开始，中国的民航企业开始转亏为盈。

### 2. 1978—1987年

这一时期，中国民用航空局是政企合一的，下设北京、上海、广州、成都、西安和沈阳6个管理局。1980年，我国只有140架运输飞机，有中大型飞机17架，载客量100人以上；有79个机场。同年，中国民航年客运量只有343万人次，运输总周转量为4.29亿吨公里，排名世界第35位。

党的十一届三中全会后，中国民航业加快发展步伐，取得了丰硕成果。1980年，邓小平同志指出，民航必须走商业化道路，同年3月，中国民用航空局又改为国务院领导的直属局，从那时起，中国民航在管理体制上进行了改革。中国民航作为国务院民用航空主管部门，不再直接经营航空业务，主要履行政府职能，实行行政管理。

1980年，中国民航购买了波音747SP型宽体客机，标志对该机的使用已部分达到国际先进水平。自1983年后，通过贷款、国际租赁和自筹资金相结合，引进了一批先进的波音和麦克唐纳·道格拉斯机型引入中国，使中国民航使用的运输机达到国际先进水平。1990年末，中国民航共有421架各种型号的飞机，其中运输机206架，通用航空教学验证机215架；民航机场总数达到110个，其中包括7个能够起降波音747型飞机的机场。

### 3. 1987—2002年

1987年，中国建立了6家独立运营、自负盈亏、平等竞争的国家骨干航空公司，在原基础上，组建了民航华北、华东、中南、西南、西北和东北6个地区管理局，并建成6个机场。

1993年4月19日，中国民用航空局更名为中国民用航空总局，是国务院直属机构。

"八五"期间，中国的商用飞机数量增长最快，到1995年底，中国的商用飞机总量达到852架，其中运输飞机416架，通用航空和教学验证飞机436架。"八五"期间，我国实现基本建设和技术改造投资320亿元，新建和迁建机场19个，改扩建机场15个，共有139个机场通航。

2002年，中国民用航空业完成运输总周转量165亿吨公里，旅客运输量8594万人次，货邮运输量为202万吨。我国民航国际排名进一步上升，成为一个引人瞩目的民航大国。

### 4. 2002年至今

2002年3月，中国政府决定重新调整民航业结构，由中国航空集团、中国东方航空集团、中国南方航空集团、中国民航信息集团、中国航油集团、中国航空装备进出口公司六大集团公司组成集团公司，并对90个机场实施了地方管理改革，将由民航局直接管理的机场下放给各省(区、市)管理。2011年，我国境内民用航空机场共有180个(不含台湾、香港、澳门，下同)，其中定期航班通航机场178个，国内通航城市175个。2012年，我国境内民用航空机场共有183个，其中定期航班通航机场180个，定期航班通航城市178个。到2020年，我国民用机场达244个，航空运输总周转量达840亿吨公里。

## 1.5.2　航空运输的特点

#### 1. 运输时效性高，运输速度快

航空运输采用的运输工具是飞机，其速度是每小时600～800公里，比其他运输工具要快得多。航空业自诞生以来，便以速度著称，由于航空运输时效性高、速度快，同时降低了货物在途风险，大大缩短了货物的运输时间。易腐变质的生鲜货物，时效性强、季节性强的报刊，抢险救灾物资，许多贵重物品和精密仪器往往采用航空运输。

#### 2. 不受地面条件影响，深入内陆地区

航空运输的一个天然优势是不受地理条件限制，它非常适合土壤条件差、交通不便的内陆水域。航空运输将当地与世界联系起来，并具有广泛的外部辐射，有利于促进当地资源输出和经济发展。另外，与公路和铁路运输相比，航空运输占用的土地较少，容易深入内陆地区，有利于当地发展对外运输。

#### 3. 省时省力，安全、准确

航空运输的高速快捷可以加速生产企业的货物流通，从而节省仓储费、保险费和节省产品的利息成本，同时加快了产品的流通速度，省时省力。与其他运输方式比，航空运输的安全性比较高，据统计飞机发生严重事故的风险率仅为三百万分之一。另外，各个航空货运代理公司在世界各地或有分支机构，或有代理网络，能够及时联络，准确掌握货物运输信息。

#### 4. 货物破损率低、资金利用率高

航空运输与其他运输方式相比，运输流程更加严格，而且在空中运送很难损伤到货物，所以货物的破损率较低。采用航空运输，货物在途时间短，周转速度快，这样企业存货费用相应降低，有利于资金的利用。

### 1.5.3 我国航空港现状及发展趋势

航空港的发展对于地方经济乃至国民经济发展有非常大的贡献，从经济发展的进程来看，我国已经进入由航空运输驱动产业发展的时代，中国的航空港发展前景广阔。

**1. 航空运输业增长现状**

近些年，全球航空运输业已进入一个新的景气周期。我国航空运输业持续保持高速增长，空港设备市场规模受益于航空运输业整体增长。2018年，国内民航完成旅客运输量61 173.77万人次，比上年增长10.9%。国内航线完成旅客运输量54 806.50万人次，比上年增长10.5%，其中港澳台航线完成1127.09万人次，比上年增长9.8%。国际航线完成旅客运输量6367.27万人次，比上年增长14.8%。

根据调查数据，近年来我国民航机场总数及运输飞机总数保持着持续稳定增长。例如，2014—2018年，我国民航新建机场平均每年增长率是4.35%，民航全行业运输飞机期末在册架数增长率11.15%。国内民航的快速发展给我国空港地面设备产业带来了很好的发展空间。2018年底，民航全行业运输飞机期末在册架数为3639架，比2017年底增加343架；颁证运输机场有235个，比2017年底增加6个，新增机场分别为甘肃陇南机场、新疆若羌机场、青海海北机场、河南信阳机场、湖南岳阳机场、新疆图木舒克机场。

民航运输机场建设将带动空港设备产业发展。根据中国民航局印发的《中国民用航空发展的第十三个五年规划》，"十三五"期间，我国计划续建机场30个，新建机场44个，改扩建机场139个，迁建机场19个。

**2. 节能减排、绿色空港的发展趋势**

节能减排、绿色空港是航空行业未来的发展趋势。早在2015年初，民航局正式启动空港地面特种车辆"油改电"项目，即在机场区域内运行的牵引车、客梯车、机场摆渡车、引导车等特种车辆将逐步由传统化石能源驱动替换为电能驱动，并确定了以北京首都机场、成都双流机场、昆明长水机场、长沙黄花机场、哈尔滨太平机场、厦门高崎机场及其驻场单位作为民航局"油改电"项目首批6个试点单位。据2017年6月民航局"油改电"专项工作集中调研显示，这6个试点机场及其驻场公司已完成建设充电设施160多个，运行电动特种车辆412台。

2018年6月27日，国务发布《打赢蓝天保卫战三年行动计划》，明确民航相关重点任务加快推进机场内"油改电"建设。为系统有序推进计划的运行，2018年9月17日，民航局印发《民航贯彻落实<打赢蓝天保卫战三年行动计划>工作方案》并提出，自2018年10月1日起，除了消防、救护、除冰雪、加油设备和车辆、无新能源产品设备和车辆外，40座重点区域机场新增或更新场内用设备和车辆应100%使用新能源。

# ➡ 1.6 综合交通枢纽概述

交通枢纽是一个或多个运输方式相结合并相互连接的地方，它是运送乘客和货物所需的多种运输设施的复合体。交通枢纽按照其连接运输方式的不同，可以分为单一交通枢纽和综合交通枢纽两大类。由两个或多个相同运输类型的干线组成的枢纽是单一运输枢纽，承担两种及两种以上运输方式的干线及转运功能则构成综合交通枢纽。随着城市化进程加快以及货运运输量增大，无论是城市内还是城际，综合交通枢纽都运用得非常广泛。

## 1.6.1 我国综合交通枢纽发展现状

综合运输枢纽是海、陆、空协调的运输枢纽系统，是旅客和货物转运中心，能够将多种运输方式相互连接并辐射到特定区域，集不同运输方式于一体，例如铁路—公路枢纽、公路—航空枢纽、水运—铁路枢纽等。

综合交通枢纽可以分为三大类，分别是国际性综合交通枢纽、全国性综合交通枢纽、区域性综合交通枢纽。根据《国务院关于印发"十三五"现代综合交通运输体系规划的通知》(国发〔2017〕11号)，发改委公布建设北京—天津、上海、广州—深圳、成都—重庆、昆明、乌鲁木齐、哈尔滨、西安、郑州、武汉、大连、厦门12个国际性综合交通枢纽和63个全国性综合交通枢纽。

当前中国运输业需要实现运输的战略转型发展，集中已经建设的交通网络及枢纽港站资源，优化运输网络结构，建立方便、安全、高效的综合运输系统，避免过高投资带来的高风险。总之，发展综合交通枢纽是提高整体运输效率和服务水平并降低物流成本的有效途径，也是国家经济社会发展的基本要求，对增强国家竞争力和促进人们生活水平提高具有战略重要意义。

## 1.6.2 综合交通枢纽的特点与功能

**1. 综合交通枢纽的特点**

综合交通枢纽是综合交通运输系统的重要组成部分，具有以下特点。

(1) 在地理位置上，综合交通枢纽位于两种或两种以上交通方式交会的区域或重要的客货流集散地。

(2) 在交通网络中，综合交通枢纽是多条干线通过或连接的交叉点，连接了不同方向的客货流，对运输网络的畅通起着重要作用。

(3) 在运输组织中，综合交通枢纽承担着不同运输方式的人员和货物的到达和离开、同一运输方式的人员和货物的过境、不同运输方式的人员和货物的联合运输的任务。

**2. 综合运输枢纽的功能**

(1) 综合运输枢纽通常位于大中型城市，为城市地区提供客运和货运服务，并为地区内外的人员和物资提供集散和中转运输服务。

(2) 综合运输枢纽拥有完善的信息和网络系统，可提供多种运输方式的综合服务，能够实现不同方向和不同运输方式客货运输的连续性。

(3) 综合运输枢纽集各种运输信息、设备、组织和管理于一体，吸引了大量的客货流，能够满足客运和货运的不同需求。

## 1.6.3 综合交通枢纽的发展历史

综合交通枢纽是城市交通系统的关键部分。综合交通枢纽主要负责换乘和直达交通，在以机场、铁路等大型交通枢纽为主的城市内部交通枢纽体系中，发挥着重要的作用。综合交通枢纽的车站数量多，专业设施集中，有利于运输方式和运输服务衔接。综合交通枢纽的建立和发展与城市交通尤其是与城市公共交通密切相关。随着城市交通的发展，城市交通从单一发展到多元、从低级发展到高级。

1825年，英国建造了世界上第一条铁路，从此铁路作为一种重要的交通工具开始辅助人们与外界交流。火车满足了人们在城市之间来往的需求。1901年，无轨电车开始在德国和法国投入运营，意大利和丹麦(1902年)，英国和美国(1907年)也都开始运营无轨电车线路。无轨电车满足了人们在城市内部来往的需求。此后，地铁和汽车相继出现并运行。

随着城市规模的迅速扩大，如何在不同线路以及不同交通工具之间换乘的问题出现了。为解决这一问题，人们提出了建设单一交通枢纽和综合交通枢纽的设想。之后，随着城市交通的发展，由于不同交通枢纽的条件不同，这些交通枢纽会有不同的发展，有些甚至可能会逐渐衰落，有些可能会发展成包含多种交通方式的多元交通枢纽。经过长期发展，城市客运枢纽逐渐成为一个多方面的、结构性的、互补的、结构完善并层次结构清晰的交通枢纽体系。

综合交通枢纽概念是20世纪80年代末提出的，现已成为世界主要城市交通发展战略的共同选择，东京站、大阪站、纽卡斯尔客运站都是成功的范例。交通枢纽的功能逐渐从单一转向多功能、综合性发展，既能满足不同交通方式的中转和换乘，又能具有信息交流、休闲娱乐等功能。近年来，由于高速铁路的发展和游客的逐年增加，我国交通枢纽新建、改建、扩建项目比比皆是，向世界展示了现代交通技术领域的最新成果。

## 1.6.4 综合交通枢纽发展趋势

**1. 枢纽立体密集布局越来越明显**

现代综合交通枢纽的设计关键是利用最短的距离、最快的时间和便捷的出行方式满足用户的换乘需求。实现这一需求的主要布局结构是立体化和集约化，而现代综合交通枢纽设施正朝着综合布局的方向发展。

**2. 枢纽交通功能的综合性和集成度越来越高**

综合交通枢纽通常采用多种交通方式相结合的方式来解决各种交通方式的换乘问题，现代综合交通枢纽的交通方式越来越多。上海虹桥枢纽是中国第一个大型综合交通枢纽，集航空、铁路、轨道交通于一体的交通枢纽，它的建设和运营代表中国综合交通枢纽的新发展趋势。

但综合交通枢纽的高效运行需要统一规划和协调，这就需要统筹安排各部门、各地区集疏运网络建设任务，协调机场、铁路、公路、城市公共交通等不同运营主体，加强机场规划、公共交通规划、城市综合交通规划和轨道交通规划的直接衔接，综合考虑机场总体规划与城市总体规划的关系，打破体制约束，建立高效的综合运输体系。

**3. 枢纽由单一交通集散功能转向承担交通和城市发展的双重功能**

在传统意义上，全面建设交通枢纽的主要目标是实现交通运输功能，而要解决的主要问题是集散和换乘。随着社会的发展，城市功能变得复杂，这就需要提供更多的交通支持。因此，交通条件的改善对实现日益复杂的城市功能至关重要。综合交通枢纽为城市地区的经济活动和社交活动提供了更理想的交通条件。在确保客流分配便捷的前提下，对综合枢纽周边空间商业、办公、居住、娱乐等的整合和综合开发已成为综合交通枢纽建设和发展的趋势。通过对枢纽周边各类相关产业的聚集，枢纽地区成为城市发展的快速增长区。

综合交通枢纽的地位和作用也体现在对其周边地区未来规划和土地开发的影响上，例如，上海虹桥综合交通枢纽位于上海以西，占地约26平方公里，在此范围内包括交通、商务、居住、物流、景观、城市服务等功能区，带动了全区的经济发展。

今后，城市建设与综合交通枢纽规划建设要密切协调，城市规划与交通枢纽建设要综合考虑，与周边地区相结合。综合交通枢纽作为重要的交通设施，既要考虑枢纽本身所反映的交通和设施功能，又要考虑枢纽区对城市其他功能发展的影响作用和催化作用的价值，对枢纽的规划要满足城市规划和城市布局发展的要求，在保证交通组织顺畅与便捷的前提下，利用交通枢纽的集聚效应，引导城市功能的不断发展，从而促进区域的活力和繁荣。

### 4. 运营管理上趋向一体化管理和部署

特大型的综合交通枢纽工程项目除具有设计复杂、工期紧、协调关系多、施工难度大、投资大等特点外，投资主体多、用户多也是其鲜明特点，这类项目需要通过与各个利益相关方合作来达到高质量的工程和运营效果，尤其在运营阶段，它的管理模式决定项目建设能否达到预期效果和效益。现代综合交通枢纽在运营管理上趋于一体化，成立一个能协调各利益相关者之间的关系并且优于各交通管理部门的领导小组，是一体化运营成功的关键举措。

综合交通枢纽管理的重要环节体现在运营水平、运营效率和服务质量上，其运营管理是一个完整的系统。因此，对于未来系统的综合管理，就有必要对一些问题进行全面研究，例如管理职能、管理范围、组织机构、综合开发等，从而理顺枢纽管理机制，保证枢纽高效运行，提高枢纽管理水平。

## 【习　题】

1. 什么是交通港站和枢纽？
2. 交通港站与枢纽的重要性有哪些？
3. 铁路运输的技术经济特征有哪些？
4. 我国公路的发展趋势是什么？
5. 水路运输的优点有哪些？
6. 航空运输的特点有哪些？
7. 综合运输枢纽的功能是什么？

# 第2章 铁路站场

## 教学提示

　　本章介绍了铁路车站的作用、分类；重点介绍了会让站、越行站的作业和布置方式；分析了中间站和区段站的作业、设备、布置方式；详细阐述了编组站的作业、设备、分类、单向编组站及双向编组站的布置方式和布置方式的选择；分析了铁路客运站的作业与主要设备、铁路旅客运输的特点、客流及铁路客运站的分类、铁路客运站布置方式；分析了铁路货运站的作业与主要设备、货场的分类和设备、货运站的分类和特点、货运站的布置方式、货物运输的分类及组织条件；介绍了高速铁路车站的特点及布置方式。

## 学习目标

- ◇ 了解铁路车站的作用、分类；
- ◇ 掌握会让站、越行站的作业和布置方式；
- ◇ 重点掌握中间站和区段站的作业、设备、布置方式；
- ◇ 重点掌握铁路编组站的作业、设备、分类、单向编组站及双向编组站的布置方式和布置方式的选择；
- ◇ 掌握铁路客运站的作业与主要设备、铁路旅客运输的特点、客流及铁路客运站的分类、铁路客运站的布置方式；
- ◇ 掌握铁路货运站的作业与主要设备、货场的分类和设备、货运站的分类和特点、货运站的布置方式、货物运输的分类及组织条件；
- ◇ 掌握高速铁路车站的特点及布置方式。

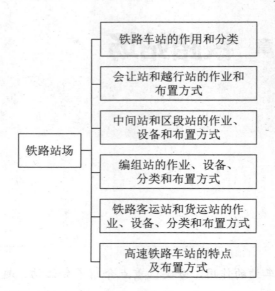

铁路站场
- 铁路车站的作用和分类
- 会让站和越行站的作业和布置方式
- 中间站和区段站的作业、设备和布置方式
- 编组站的作业、设备、分类和布置方式
- 铁路客运站和货运站的作业、设备、分类和布置方式
- 高速铁路车站的特点及布置方式

# 2.1 铁路车站概述

铁路车站是处理旅客、货物运输活动的重要场所，是铁路运输生产适应国民经济发展和市场需求的桥梁。同时，车站也是铁路运输活动的根本生产单位，除了经营所有客货运输业务外，还办理所有与列车有关的业务操作。例如，列车的到达和出发、列车解体及编组、机车车头或车厢更换及准备、车辆维修等。车站不仅是铁路内部作业的重要组成部分，也是提高铁路运输效率及安全的根本保障。

## 2.1.1 铁路车站的作用

在铁路线路上，除了干线外，还有其他线路和客货运输设施，以处理与列车运行和社会服务有关的分界点，我们称这个分界点为车站。图2.1是西安北站的实景图，西安北站是目前亚洲接入线路最多、站场规模最大、站房面积最大的枢纽车站。

铁路车站是维持铁路运输作业的基础。它涵盖了与铁路运输相关的各种设施设备，如客运、货运、运转设备、机车、车辆维修设备、信息设备等。铁路车站涉及运输过程中的基本作业环节包括旅客乘降、售票，货物与行包的搬运、储存、装卸、交付，列车接发、通过、会让和越行，车列解体、集结和编组，机车换挂、检修和整备，机车及列车乘务组更换，车辆检修和维修等。

图2.1 西安北站

根据交通运输需要，在多条干线和支线交会的枢纽或枢纽区，铺设铁路引入线、专业车站、联络线、环线、进出线。由这些线路和车站组成的所有设备称为铁路枢纽。除了上述专业车站的运营外，铁路枢纽还处理枢纽内各车站之间的小型运行列车，以及枢纽内各连接线之间的各种服务活动，是交通枢纽的重要组成部分。

铁路运输是整个运输中不可或缺和极其重要的组成部分，与铁路车站密切相关，如将一件货物从甲车站运输到乙车站，一般涉及以下运输过程，如图2.2所示。

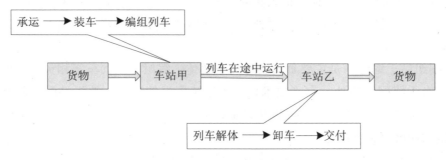

图2.2 铁路运输过程

可以看出，在铁路运输过程中，车站是直接服务于产销过程的大门。总而言之，车站是铁路的重要标志，是铁路运作流程中助力工农业生产和人们交通出行的中流砥柱，是维持铁路运输的基本要素。

## 2.1.2 铁路车站分类

依据不同的分类标准，铁路车站可分为以下分类(见图2.3)。

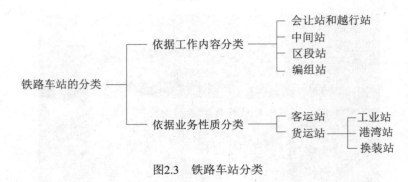

图2.3　铁路车站分类

### 1. 依据工作内容分类

依据工作内容，铁路车站主要分为会让站和越行站、中间站、区段站、编组站等。

(1) 会让站和越行站。会让站是指在单线铁路上专门办理列车接收、会让和通过作业，同时办理少量客、货运业务的车站。越行站是指在双线铁路上专门办理列车接发、越行、通过作业，同时办理少量客、货运业务的车站。

(2) 中间站。中间站是指不仅办理会让站和越行站作业，同时办理摘挂列车作业以及作业量较大的客运业务、整车货运业务，且有货场的车站。

(3) 区段站。区段站是指除了进行中间站的业务以外，主要办理无改编中转列车相关作业、摘挂和运转列车、换挂机车和乘务组，并对车辆进行检修及对货运进行检查的车站。区段站一般位于路网牵引路段分界点，它不仅配置客货转运设备，还涵盖了机务段、车辆段和货场。

(4) 编组站。编组站是主要负责货运列车解体、编组直达列车等相关工作的车站。编组站分布于路网汇集处，有"技术直达列车工厂"的称号。编组站配备基础设施设备，如专用到达场、调车场、驼峰调车设备、机务段、车辆段等。

### 2. 依据业务性质分类

依据业务性质，铁路车站主要分为客运站、货运站等。

(1) 客运站。客运站专门办理客运业务，部分客运站还办理少量货运业务。客运站主要负责客运列车的接车、发车、通过等业务，是办理客运列车的运输，维护及相关服务的车站。客运站设在大中城市、旅游度假区、经济开发区和客运专线上，设有客运站房、站场、机务段、客车整备场、车辆段等。

(2) 货运站。货运站是主要进行各类货物(包括整车、零担、集装箱、危险品、水产品等)运输工作的车站。货运站一般设在大中型城市，主要业务包括货物的始发、终到以及相关的调车作业。除此之外，货运站还包括工业站(专门进行工矿企业的运输服务工作)、港湾站(专门进行港口进出货物运输服务工作)、换装站(专门进行不同轨距货物换装服务工作)。

# 2.2　会让站和越行站

在我国铁路中，会让站和越行站是指专门用于提高线路通过能力的车站。会让是指先行到达的列车在车站停留，等待对面的列车到达此车站并通过后，再继续运行。越行是指先行到达的列车等待同一方向的下一列列车到达并经过车站后，再继续运行。

## 2.2.1　会让站

### 1. 会让站作业

会让站是为提升铁路段通行能力，保证行车安全的车站，其主要服务于沿线城乡的基本建设，可以有效促进区域第一、二产业的蓬勃发展。会让站的设置受地形、地质、水文、铁路运行等条件的限制。此外，会让站的年运输能力和旅客列车对数要符合国家要求。

会让站通常设置在单轨铁路换乘站上，主要是办理列车的到发、会车、让车等作业，也办理少量的客、货运输业务。

### 2. 会让站布置方式

会让站的布置方式分为横列式、纵列式两类。

1) 横列式会让站

若只设置一条到发线，则到发线应该建在站房对侧处，如图2.4所示。此种布置方式不仅有利于正线接发通过列车，而且相关工作人员不需要横跨线路，在站台上就可以办理正线列车的通过作业。由于正线接发的旅客列车停靠在站台一侧，不需要经过侧向道岔，该布置方式有利于列车的平稳运行，最大限度地保证了旅客的乘降舒适度。

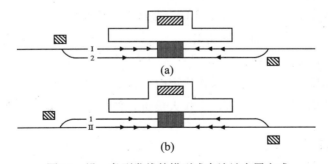

图2.4　设一条到发线的横列式会让站布置方式

当横列式会让站设置两条到发线，到发线应该分别铺设在正线两侧，如图2.5所示。此种布置方案具有站坪长度小，土石方工程作业少的优点，并且当单线想要发展为双线时，本方案的施工作业量较小，有利于节省成本。

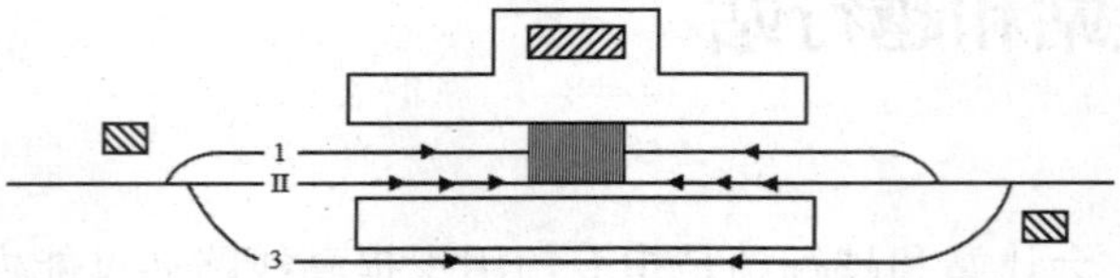

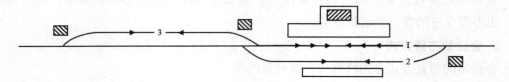

图2.5　设两条到发线的横列式会让站布置方式

长远来看，与横列式会让站相比，横列式的应用范围更广，总体优点如下所述。

(1) 横列式站台的站坪长度较小，并且其站坪长度小于纵列式站台。

(2) 横列式站台的瞭望条件优越，有利于开展相关管理工作。

(3) 横列式站台更具灵活性，布局更为紧凑，整体更利于实际工作。

2) 纵列式会让站

通常情况下，会让站不需要设置中间平台，但如果客流量很大，从长远角度考虑可以设置中间站台，且中间站台应设置于始发线与客运站对面正线之间。纵列式会让站的两条到发线呈纵向式分布排列，并逆运行方向错移一个货物列车到发线有效长度的距离(见图2-6)。

图2.6　纵列式会让站布置方式

地形陡峭的山区或有不停车会让需要时，可采用纵列式会让站这种布置方式。

(1) 纵列式会让站的优点有以下几点。

① 山区等地形陡峭狭窄条件下，纵列式会让站的工作量较少。

② 有利于车站值班员与列车司机进行行车凭证的交接工作。

③ 满足重载列车会车的条件，有利于重载列车会车的相关操作。

(2) 纵列式会让站的缺点有以下几点。

① 车站站坪长，施工成本大。

② 列车车长与值班员进行业务操作沟通时，行走距离较远。

③ 人工扳道非集中联锁条件下，工作人员进行操作时较为烦琐。

## 2.2.2　越行站

### 1. 越行站作业

越行站设在双线铁路上，主要负责同方向列车的越行，特殊需求下也可进行反方向列车的转线以及进行少量客、货运业务。

### 2. 越行站布置方式

越行站布置方式主要有横列式、纵列式两种，但由于纵列式布置缺点相对较多，一般选择横列式布置方式。横列式越行站布置方式如图2.7所示。

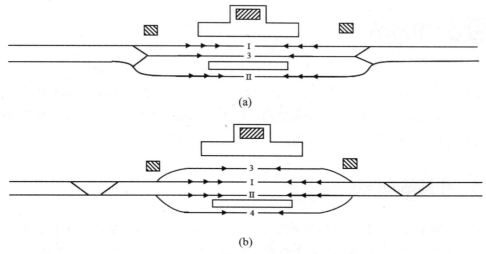

图2.7　横列式越行站布置方式

(1) 如果横列式越行站只设置一条到发线，那么到发线应该位于两条正线中间，如图2.7(a)所示。此种横列式越行站布置方式具有以下几个优点：有利于列车的平稳运行，乘客的乘车舒适感较好；方便车站值班员进行相关作业；当列车接入到发线时不会被之前等待的列车堵塞；任何一方待避列车接入到发线时，都不会与另一个方向正线的列车产生交叉干扰；接发列车在进路上极具灵活性，使用效率高，并能延迟第二条到发线的铺设期限。 但横列式越行站布置方式具有以下几个缺点：当两条正线变换线间距时，上行正线需要在车站内设置反向曲线，不利于瞭望且影响列车运行速度；当到发线布置在两条正线的一侧(站房的对侧)时，下行方向待避列车的到、发与上行方向列车的到、发会产生交叉干扰，区间的通过能力下降，危及行车安全。此种布置方式缺点显著，一般不宜采用。

(2) 如果横列式越行站设置两条到发线，那么两条到发线应该分别设置在正线两侧，如图2.7(b)所示。如果两到发线设置在正线的同一侧，则一个方向待避列车的到、发作业与另一方向列车的到、发作业会产生交叉干扰，不仅会影响列车的运行安全，还会降低区间的列车通行能力。因此在修建或改建越行站时，一般选择在正线两侧设置两条到发线的布置方案。

越行站的行车作业是按上、下行两个方向分开运行的，设置中间站台能够确保上、下行旅客列车可以分别停靠在站台。越行站的中间站台应该设在站房对侧的正线与到发线之间的位置。这种布置方式具有以下几个优点：越行站的中间站台可供乘客安全候车，列车待避条件好；越行站的正线顺直，有利于机车运作；越行站中间站台需要进行加宽作业时，施工工程量较少。

## ➡ 2.3 中间站

中间站是指为沿线城乡人民及工农业生产服务，提高铁路区段通过能力，保证行车安全而设的车站。中间站遍布全国铁路沿线中、小城镇的农村，在发展地方工农业生产，沟通城乡物资交流起着重要作用。

### 2.3.1 中间站的作业

中间站的主要业务是进行列车的通过、会让、越行，旅客的乘降，行李包裹的收发与保管，以及货物的运输装卸等相关作业。中间站的作业分为主要作业与其他作业。

**1. 中间站的主要作业**

(1) 列车的通过、会让和越行等。

(2) 在双线铁路上，中间站进行反向运行列车的转线作业。

(3) 旅客的乘降，行李、包裹的收发与保管。

(4) 货物的承运、装卸、保管和交付。

(5) 零摘挂列车向货场甩挂车辆的调车作业。

**2. 中间站的其他作业**

(1) 当与工业企业线路连接时，中间站可以进行接货和送运作业。

(2) 在蒸汽机车供水站，需要办理供水、清灰、检查等作业。

(3) 企业专用线接轨或加力牵引起始站、终点站及机车折返站需办理补机摘挂、待班、机车整备和转向等作业。

(4) 客货运量较大的中间站还办理始发、终到旅客列车及编组始发货物列车的作业。

### 2.3.2 中间站的设备

**1. 客运服务设备**

为保证旅客安全快速运输，中间站应设旅客站房、旅客站台、站台间的跨线设备等。

1) 旅客站房

旅客站房是办理售票、候车和行包邮件承运、交付及保管的场所。由于中间站客货运输量小，作业简单，常将站长室、行车运转室合并于旅客站房内。在设计旅客站房时，通常根据旅客最高聚集人数来确定其规模。

中间站房属于中小型站房。中型站房的聚集人数为400～1500人，小型站房一般在400人以内。小型站房占铁路站房的70%左右。小型站房的布置通常采用候车和商务一体化的候车室类型。图2.8为中间站的站房平面布置。

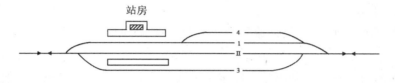

图2.8 中间站的站房平面布置

(1) 站房位置。为了方便乘客快速聚集，站房宜设在距离城镇或居民区近的线路一侧，并尽最大可能设在车站中部。一般设置标准为：站房边缘与最近线路的中心距离一般不应小于15m，地形特殊时可采用较小距离，但站房内基础平台宽度应保证不小于6m，即站房距离最近轨道中心线不小于7.75m。

站房高度通常与基本站台高度相一致。当地形特殊时，在满足值班员瞭望条件的前提下，站房高度可高于或低于基本平台高度。

(2) 站房规模。中间站站房的旅客最高聚集人数决定了其规模，最高聚集人数是指设计年度全年最高月的平均一昼夜同时聚集在车站的最高人数。

2) 旅客站台

旅客站台主要用于旅客乘降和行包装卸作业。旅客站台按与站房和到发线的相互位置分为基本站台与中间站台两类，如图2.9所示。靠近站房一侧的为基本站台，位于线路中间的为中间站台。

不论是单线或双线铁路，中间站均应设有基本站台，以利于旅客乘降和车站值班员接发列车。当单线铁路中间站处于客货运量较大或地县所在地，或有旅客列车进行技术作业时，设置中间站台可以会让旅客列车，或旅客列车与摘挂列车同时停站时均有站台可停靠。双线铁路的中间站设置中间站台，可使上、下行旅客列车及摘挂列车分别停靠站台。中间站台一般应该设置在站房对侧的到发线与正线之间。

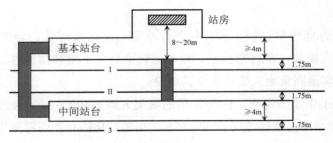

图2.9　乘客站台布置

旅客站台的基本参数如下所述。

(1) 旅客站台的长度。依据旅客列车长度、零摘列车编组情况而定，一般不小于300m。

(2) 旅客站台的宽度。基本站台在旅客站房范围的宽度不小于6m，其他部分不小于4m。中间平台的宽度不小于4m，当设有跨线设备时，平台可依据实际情况加宽。

(3) 旅客站台的高度。站台高度有高出轨面0.3m、0.5m、1.25m三种情况。在中间站，旅客站台的高度通常高出轨面0.5m；与正线相邻以及通行超限货物列车线路旁侧的旅客站台宜高出轨面0.3m；特殊条件下，可选择高出轨面1.25m的高站台。

(4) 站台的横向坡度。横向坡度主要用于排水，一般采用2%斜向站台边缘的坡度。

(5) 旅客站台与线路距离。基本站台和中间站台与线路的距离一般均为1.75m。

3) 站台间的跨线设备

中间站站台之间有天桥、隧道、平过道三种跨线设备。中间站通常采用平过道，平过道宽度不宜小于2.5m，数量不宜少于两个。出于安全角度考虑，大型中间站可依据需要修建立天桥或隧道等立体跨线设备。鉴于天桥遮挡行车视线且占用站台面积较多，因此应该优先选择隧道。此外，天桥、隧道的宽度一般不宜小于3m。

**2. 货运作业设备**

中间站设置货场的目的在于进行货运作业。中间站货场位置选择取决于主要货源、货流方向、环境保护、城市规划及地形、地质条件等因素。货场位置一般有站同左、站同右、站对右、站对左四个位置，分别称为Ⅰ、Ⅱ、Ⅲ、Ⅳ象限，如图2.10所示。货场应设在主货物集散方向侧，一般设置在I、III象限。当有大量散装货物装卸时，可以考虑设置在站房货线对侧。若货场位置与货源集散方向不一致时，应有安全方便地通向货场的道路。

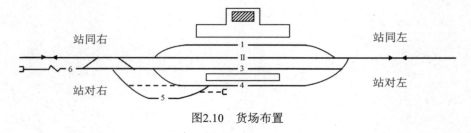

图2.10　货场布置

1) 货物线

中间站货场的货物线布置形式有通过式、尽头式和混合式三种。通过式货物线两端均与到发线相连，上下调车作业灵活，管理方便，我国多采用此种布置。尽头式货物线一端连接货场，另一端连接到发线，此种方式线路布局多样化，但调车不灵活，适合货物作业量较大、货物线较多的车站。混合式货物线结合了通过式和尽头式两种布置方式，如图2.11所示。

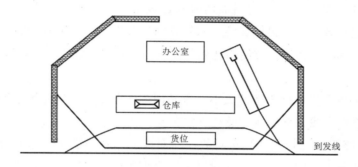

图2.11　混合式货场布置

货物线的有效长度应按货运量、取送车间隔时间来确定，但最短不小于70m。货物线与到发线的距离应该充分考虑到货物线两侧堆放和装卸作业的需求，当线间有装卸作业时不宜小于15m，无装卸作业时不宜小于6.5m。

2) 货物仓库

中间站货场的货物仓库宽度一般为9～12m，货物仓库的长度取决于需要堆积的货物面积。一般将仓库设置在货物站台上，便于进行装卸作业。

3) 货物站台

货物站台分为普通站台、高站台两类。普通货物站台高度距轨面高度1.1m，即与普通货车地板高度接近；高出轨面高度1.1m以上的站台统称为高站台。

**3. 车站线路设备**

中间站的线路设备除了正线以外，还包括站线(包含到发线、货物线、牵出线)、特别用途线(包括安全线、避难线、工业企业专用线)等。其中，货物线已在货运作业设备中介绍，下面介绍其他各种车站线路。

1) 到发线

(1) 到发线的数量。单线铁路中间站应设置两条到发线，使车站具备三交会的条件，以保持良好的运行秩序，这样不仅可以提高车站运行效率，还可以满足水槽车、机械化道路养护工程车、轨道车等特殊车辆停留的设施条件。双线铁路的中间站同样设有两条到发线，两条到发线可以使双方向列车有同时待避的机会。

下列中间站的到发线数量应予以增加：第一，枢纽前方站、铁路局分界站、中间给水站、补机始终点站和长大下坡的列车技术检查站、机车乘务员换乘站可以根据实际需要加设一条到发线。第二，有两个或两个以上方向的线路引入或岔线(含专用线、支线)接轨的中间站，有零担、摘挂列车进行整编作业的中间站，办理机车折返作业的中间站，到发线数量可根据需要而定。当车站同时具备上述两项或两项以上作业时，中间站进出到发线数量应予以增加，但其线路数量应该综合考虑，不宜逐项增加。

(2) 到发线的进路。中间站到发线可以设计为单进路或双进路。单进路是指每条到发线在一个固定的方向(上行或下行)使用，而双进路的每条到发线可供上、下行两个方向使用。双进路机动性大，但需增加信号联锁设备。单线铁路到发线一般按双进路设计，这样列车运行调整更加机动灵活。双线铁路应按上、下行分别设计为单进路。为了增加调整列车运行的灵活性，方便摘挂列车作业，个别到发线也可以按双进路来设计。

2) 牵出线

衔接区间正线数量、行车密度大小、车站调车作业量、货场位置等因素决定了中间站是否需要设置牵出线。牵出线的设置条件有以下几点。

(1) 单线铁路平行运行图的列车对数在24对以上，双线铁路采用半自动闭塞平行运行图的列车对数分别在54对以上或66对以上，且调车作业量较大，或平行作业图的列车对数虽低于上述规定，但调车作业量较大的中间站，应设置牵出线。

(2) 中间站有岔线且满足调车条件时，应进行调车作业。

(3) 调车作业可在行车量小或作业量小的单、双线铁路中间站利用正线进行。

(4) 当采用正线或岔线进行调车作业时，必须将进站信号机外移，但距离不应超过400m，其平、纵断面及视线条件应满足调车作业的相关要求。在困难条件下，曲线半径不应小于300m，坡度不应大于6‰。在特殊条件下，坡度应小于等于正线极限坡度，且不应大于12‰。

(5) 牵出线的有效长度不得小于区段内货物列车长度的一半，在困难条件下或车站作业量较小时，不得小于200m。

3) 安全线

安全线是为防止列车或机车车辆进入另一列车或机车车辆进路而设置的一种安全线路。安全线的有效长度通常应大于等于50m。以下几种情况下需要设置安全线。

(1) 岔线在区间与正线衔接处，如图2.12(a)所示。

(2) 岔线在站内与正线或到发线衔接处，如图2.12(b)、2.12(c)所示。

(3) 当进站信号机外制动距离内向进站方向为陡于6‰的下坡道时，为使车站能办理相对方向同时接车和同方向同时接发列车，应在接车线末端设置安全线，如图2.12(d)所示，以避免下坡进站列车与其他列车相撞。

安全线可以设计成平坡或面向道岔不超过3‰的反坡，此外安全线的尽端避免设置在高填方路段、桥头或建筑物等附近，以防止机车车辆脱轨时造成较大损失。

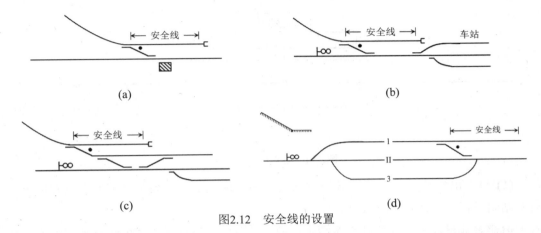

图2.12 安全线的设置

道岔线与车站到发线接轨，当接轨处受到地形条件的限制或向车站方向为平坡或下坡道，可以设置脱轨器或脱轨道岔来代替安全线。脱轨器设置如图2.13所示。当站内有平行进路或隔开道岔且有联锁装置时，可以不设置其他隔开设备。

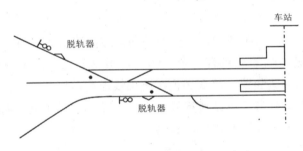

图2.13 脱轨器的设置

### 4) 避难线

在山区或丘陵陡坡区，当区间线路纵断面特殊不利时，为防止列车在陡长下坡路上失控发生冲突或颠覆，应依据实际线路情况进行计算，以确定在区间或站内是否需要设置避难线。避难线尽可能地设置在陡长坡道下方，以达到依靠逐渐增加的位能来抵消失控列车动能的目的。当相邻两车站站坪以外的站间线路平均坡度大于或等于15‰时，应按线路平纵断面进行失控列车的速度验算，以确定是否需要避难线。

避难线的长度可根据站间坡道、列车质量、列车行车速度、列车制动能力等条件进行单独计算和设计。

避难线的位置取决于车站的作业性质、地形条件、站间通行能力、失控列车进入避难线的最大速度等因素。避难线可设置在出站端(方案I)和进站端(方案II)，如图2.14所示。

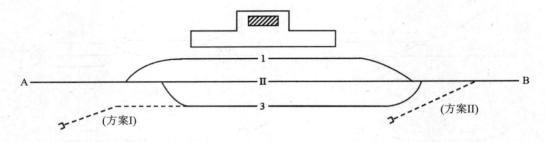

图2.14 避难线位置设置

(1) 设在出站端(方案I)。避难线设在出站端的优点是下坡列车不需要在站外停车，对车站间通行能力造成影响较小。

但避难线设在出站端的缺点有两个：第一，降低了通往避难线的线路使用效率，会影响车站的正常站内作业；第二，造成车站作业安全性较差，无法确保车站安全。鉴于上述缺点，一般中间站不选择此方案。

(2) 设在进站端(方案II)。避难线设在进站端的优点有三个：第一，失控列车不易闯入车站，不会影响车站内的正常作业；第二，车站内的作业安全性较好，保证了车站的良性运作；第三，车站到发车线的使用较为机动灵活，使用效率高。

但避难线设在进站端的缺点有三个：第一，道岔的定位向避难线开通，如果避难线没有配备自动列车测速装置，那么必须在避难线道岔前停车，待到发线开通后开始进站。此种作业方式不但降低了车站通行能力水平，而且增加了列车起停车能时消耗和运营成本。第二，假如列车溜入避难线，容易堵塞区间。第三，失控列车在进站端的速度较大，因此避难线需较长，导致建设成本较大。

5) 工业企业专用线

为了避免干扰正线行车，新建工业企业专用线应设在车站两端咽喉区，特殊情况下可在区间正线接轨。接轨区间正线时，应在接轨点设置车站或辅助所。

工业企业专用线与车站接轨时，应该尽量考虑工业企业铁路取送车的便利性，尽可能减少对车站内行车和调车作业的干扰。当车站内有几条工业企业铁路接轨时，为了便于调车作业，减少干扰，宜集中在车站的一个区域，通常与货场在同一象限。在旅客列车停站较多的中间站，不宜在站房同侧的到发线上接轨，以免相互干扰。城镇规划、工矿企业位置、货流方向和地形条件都影响接轨的位置。因此，在研究接轨方案时，应具体情况具体分析。

图2.15为几种工业企业专用线接轨方案的布置图。当厂矿企业位于站房同侧且地形条件有利时，首先考虑方案I，其次考虑方案II。当厂矿企业位于站房对侧时，考虑选用方案III或IV。

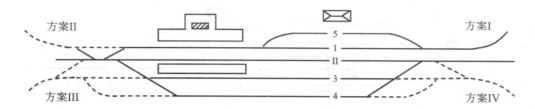

图2.15 工业企业专用线接轨方案

## 2.3.3 中间站的布置方式

中间站布置有横列式、纵列式两种。

### 1. 横列式

一般情况下选择横列式布置形式，具体布置方式如图2.16、图2.17所示。在特殊条件下，单线铁路的中间站也可以采用其他布置形式。

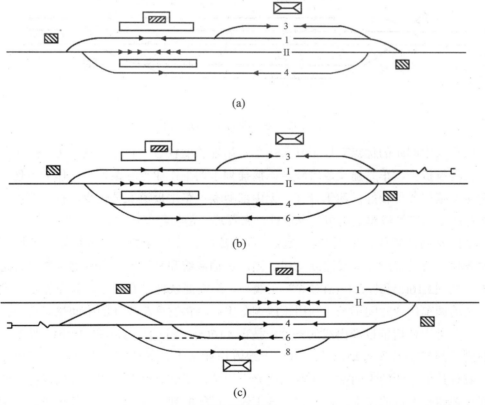

(a)

(b)

(c)

图2.16 单线横列式中间站布置

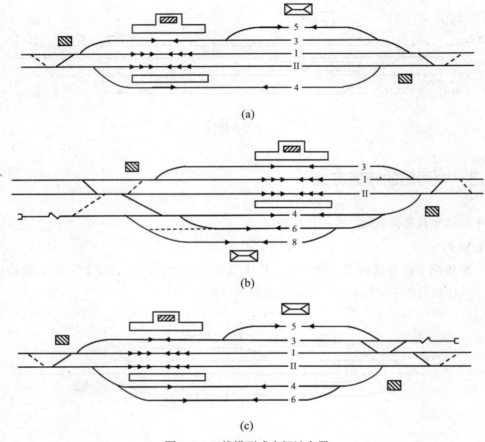

图2.17 双线横列式中间站布置

横列式中间站的优点有以下几个：车站站坪长度较短，有利于减少工作人员行走距离；工程投资少，车站建设成本较少；摘挂列车调车作业走行距离短，作业方便；车站咽喉两端瞭望条件较好，便于管理，无中部咽喉；车站扳道人员较少，行走距离短且节省运行成本；车站线路运用极具灵活性，布置形式密集程度适中。

中间站的位置应该依据货物来源、货物流向、环境保护、城市规划、当地地形，地质条件、引进工业企业线路或支线、当地运输系统和利用现有设备等因素进行选择。其中，按图2.16(a)和图2.17(a)布置的正线平、纵断面条件适合于办理调车作业且摘挂列车在站的调车作业时间不长、利用正线调车不影响接发列车作业的中间站。选用此种布置时，应考虑预留铺设牵出线的条件。按图2.16(b)、图2.16(c)和图2.17(b)、图2.17(c)布置的到发线较多且设有牵出线，适合于地方作业量大且摘挂列车在站的调车作业时间长，或有其他作业的中间站。在双线铁路中间站，要满足列车向相反方向运行和两侧接发列车等调车作业的需求，需要将一条正线上运行的列车转移到另一条正线上，因此在车站两咽喉区的正线间应各设两条渡线。为便于摘挂列车调车作业，货场应尽量设在到发线顺运行方向的前端，如图2.16和2.17所示。货场改建或扩建时，应充分利用现有设备。当站房相对侧摘挂作业比例较大时，可考虑将货场设置在站房对侧，如图2.16(c)和图2.17(b)，这种布置可以避免车站机房对面列车运行与正线之间的交叉，同时货场的发展又不受城镇的限制。

**2. 纵列式**

纵列式中间站的布置特征是到发线呈纵向排列，并逆运行方向错移一个货物列车到发线有效长度的距离。纵列式布置的优点有以下几个：有利于组织不停车会让；便于超长的列车会车；车站站坪宽度较小；当地形较为狭窄的特殊情况下，可以有效减少施工工作量。

与横列式相比，纵列式中间站的站坪长度较长，使紧坡地段延长线路、摘挂列车的调车作业走行路线长，道岔分散，管理不便。这种纵列式布置方式一般在组织列车不停车会让及超长列车运行的区段采用。

## 2.3.4 中间站的平面计算

在确定中间站的设备布置方案后，需对其进行平面计算以确定站内线路和设施设备的尺寸及相互位置关系。

**1. 股道、道岔与扳道房的编号**

在铁路车站，除了与区间直接相连的正线之外，还设有站线和特殊用途线。为了便于车站的正常作业和设施设备的维修管理，应该对轨道和道岔进行统一编号，如图2.18所示。

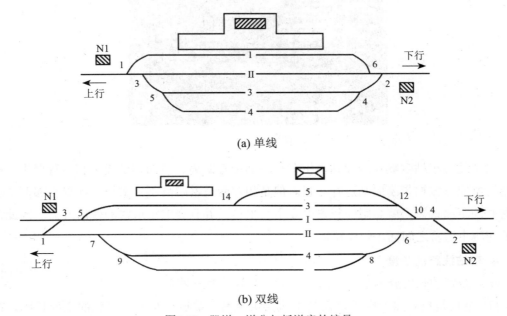

图2.18 股道、道岔与扳道房的编号

(1) 股道编号。单线铁路由站房向对侧依次编号。双线铁路应由正线向两侧依次编号，上行进路方向为双数，下行进路方向为单数。正线编号采用罗马数字，站线采用阿拉伯数字。

(2) 道岔编号。以站房中心为界，上行列车到达一端开始按顺序用双数编号，下行列车到达一端开始按单数编号。渡线道岔和相连接的道岔尽量采用连续号码。

(3) 扳道房编号。从下行到达一端顺序编为N1、N2、N3，直到车站另一端扳道房。

**2. 线路中心至主要建筑(设备)的距离及站内线间距离**

站内各种用途线路的两侧，一般应设置相应的建筑物和设备，如信号机、警冲标、水鹤、接触网和电力照明支柱、旅客站台、货物站台以及各种技术用房。这些建筑物和设备的位置必须确保行车和人员的安全，且不得影响正常作业。

线间距离不仅要保证列车的行车安全，以及保证车站工作人员安全、方便进行作业，同时也要满足通行超限货物列车和在两条线路之间装设行车设备的需要。线间距离取决于以下几个要素：机车车辆的限界；基本建筑的限界；超限货物装载的限界；相邻线路之间办理作业的性质；相邻线路间所设置设备的计算宽度。

**3. 股道连接**

为了保证机车车辆和列车能够从一条线路进入或跨越另一条线路，需铺设线路连接设备，广泛采用道岔设置，图2.19是道岔实景图。

图2.19　道岔

为了缩短车站咽喉长度和站内机车车辆的走行距离、节约建设成本和运营费用，相邻两道岔应该依据紧凑原则进行布置。但是相邻两道岔距离不宜太短，如果相邻两个道岔岔心的距离太短，就会影响行车的安全与平稳，并且会缩短道岔的使用寿命。因此，必须在两个道岔之间插入一段短轨。

**4. 车站线路的长度**

车站线路的长度分为全长、铺轨长度、有效长度三种。

(1) 全长是指线路一端的道岔基本轨接头至另一端道岔基本轨接头的全部长度。在尽头式线路的情况下，全长是指道岔基本轨接头至车挡的全部长度。

(2) 铺轨长度是指线路全长减去线路上所有道岔的长度。

(3) 线路的有效长度是指线路全长范围内可供机车车辆停留，而不妨碍相邻线路行车部分的长度。有效长度控制的标志有警冲标、出站信号机(或调车信号机)、道岔尖轨始端(无轨道电路时)、道岔基本轨接头处的钢轨绝缘(有轨道电路时)、车挡(为尽头式线路时)等。图2.20是线路有效长度示意图。

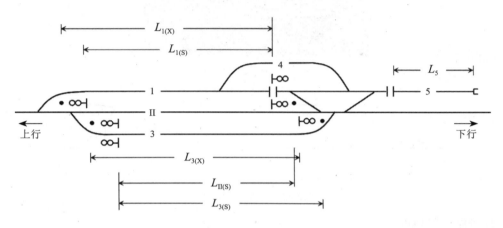

图2.20　线路有效长度

线路有效长度应按照上、下行进路分别进行计算。如图2.20所示，1道下行有效长度$L_{1(X)}$是从下行出发信号机到另一端的警冲标，而上行有效长度$L_{1(S)}$是从上行出发信号机到另一端道岔基本轨接缝(有轨道电路)。II道和3道的有效长度是相应方向的出发信号机到另一端的警冲标。

在设计初期，已确定好近期和远期到发线有效长度标准。中间站设计应根据选定的近期有效长度来布置股道和道岔咽喉区，使每股到发线的实际有效长度不短于选定的近期有效长度。

**5. 警冲标、信号机位置**

为了确定线路的有效长度，必须先确定警冲标和信号机的具体位置，计算警冲标和信号机到道岔岔心的距离。

1) 警冲标的位置

警冲标是道岔后部两线路间设置的停车位置示警标志。它的主要作用是指示机车车辆停车时，不准向道岔方向或线路交叉点方向越过，以防止停留在该线上的机车车辆与邻线上的机车车辆发生侧面冲突。警冲标设置在两股道汇合处，当机车车辆停靠在股道的警冲标内侧时，不影响其他列车沿相邻线路的安全行走。图2.21为警冲标实景图。

当警冲标位于两条直线之间时，考虑机车车辆的半侧限界1.7m且有0.3m富裕间隙，所以警冲标到相邻线路中心线的垂直距离为2m，如图2.22(a)所示；当警冲标位于直线与曲线(包括道岔导曲线)之间时，警冲标与直线的距离仍为2m，与曲线中心的距离为$2+W_1$($W_1$是曲线内的加宽值)，如图2.22(b)所示。

图2.21 警冲标

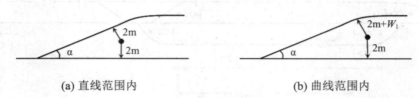

(a) 直线范围内　　　　　　　　　　　(b) 曲线范围内

图2.22 警冲标的位置

2) 进站信号机的位置

为指示列车运行及调车作业的命令,必须根据需要设置各种信号机,信号机是铁路车站中不可缺少的组成部分。图2.23为进站信号机实景图。

图2.23 进站信号机

进站信号机应位于距离进站道岔尖轨尖端或顺向道岔的警冲标不小于50m的位置,如图2.24所示。如需采用正线调车,应该将进站信号机外移,外移距离一般不大于400m,为了信号机更好显示而进行外移时,外移距离不应该超过600m。

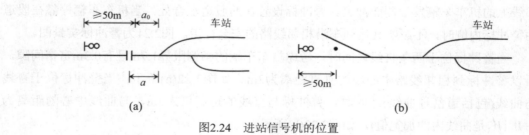

(a)　　　　　　　　　　　　　　　　(b)

图2.24 进站信号机的位置

信号机在开放状态及机柱左方显示一个白色灯光，表示进路开通，准许列车向左侧线路发车，见图2.25(a)；信号机在开放状态及机柱中间显示一个白色灯光，表示进路开通，准许列车向中间线路发车，见图2.25(b)；信号机在开放状态及机柱右方显示一个白色灯光，表示进路开通，准许列车向右侧线路发车，见图2.25(c)。

(a)　　　　　　　　(b)　　　　　　　　(c)

图2.25　进站信号机

3) 出站信号机

出站信号机应设置在每条发车线路运行方向的左侧和警冲标内方(前方为逆向道岔时，信号机设在道岔尖轨尖端)的适当地点。

正线及到发线一般采用高柱色灯(或臂板)信号机，在不需办理列车通过的到发线的出站和发车信号机可以选择矮型色灯信号机。高柱出站信号机基本宽度有380mm、410mm两种。发车信号辨认困难的车站，在便于司机瞭望的地点需设发车表示器，如图2.26所示。

图2.26　出站信号机发车表示器

岔号数、线路间距、连接曲线半径、信号机相邻道岔方向(顺向、逆向)、有无轨道电路等因素决定了出站信号机到道岔岔心的距离。高柱信号机的建筑接近限界一般为2150mm；通行超限货物列车的线路的信号机建筑接近限界一般为2440mm。信号机距两侧线路中心的垂距，在不通行超限货物列车的线路一侧为 2150mm+380/2mm=2340mm，在通行超限货物列车线路的一侧为 2 440mm+380/2mm=2630mm。在曲线地段还需要根据实际需求相应加宽距离。

在无轨道电路的情况下，如果信号机前方是逆向道岔，信号机应与道岔尖轨端并列，如图2.27(a)所示。如果信号机前方是顺向道岔，信号机与道岔岔心距离的计算方式则与警冲标一致，位置如图2.27(b)、图2.27(c)所示。

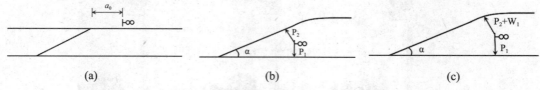

图2.27　无轨道电路中出站信号机的位置

在有轨道电路(在半自动闭塞和自动闭塞及装有电气集中联锁的车站上，均设有轨道电路)情况下，若信号机前是逆向道岔，则信号机应设在道岔基本轨接缝处，如图2.28(a)所示。当信号前方为顺向道岔时，信号机及警冲标的位置不仅要满足上述要求，而且要配合轨道电路的钢轨绝缘接缝，如图2.28(b)、图2.28(c)、图2.28(d)所示，其设置原则如下所述。

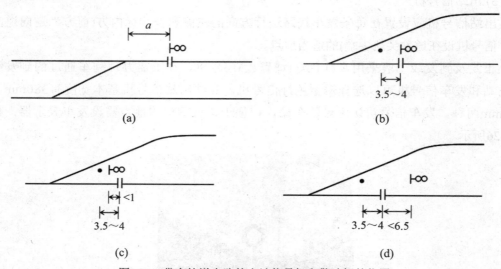

图2.28　带有轨道电路的出站信号机和警冲标的位置

(1) 信号和钢轨绝缘接缝应位于图2.28(a)、图2.28(b)所示的同一坐标处。由于绝缘缝受钢轨长度限制，为避免安装信号机时出现串轨、截轨或换轨等情况，允许将信号机设置在绝缘缝内方lm或外方6.5m范围内，如图2.28(c)、图2.28(d)所示，也可将信号机移动到绝缘缝同一坐标处。

(2) 警冲标与钢轨绝缘接缝的相互位置应符合行车安全和轨道电路运行状态的要求。警冲标必须和内方的绝缘缝相距3.5～4.0m，如图2.28(b)、图2.28(c)、图2.28(d)所示。在此情况下可以保证车轮在钢轨绝缘接缝内方时，车钩端部不会超过警冲标，也可以防止列车在警冲标内方停车时仍占用道岔电路，导致邻线无法开通。

设计带轨道电路的出站信号机及警冲标的位置时，应该先计算两者与道岔岔心的距离，然后依据现有轨缝来考虑安装绝缘位置。如果现有轨缝不能符合上述条件，可以选择内移信号机或铺设短轨对绝缘缝位置。最后，将警冲标移至距离绝缘缝3.5～4.0m的位置。

## ⊕2.4 区段站

区段站是铁路网牵引区段的分界线，是设有机务设备的车站。它的主要任务是为相邻铁路段供应和整备机车或更换机车乘务组，并为无改编中转货物列车办理规定的技术作业。此外，区段站还负责一部分列车的解编作业和客货运作业。在基本设施设备条件允许的状况下，区段站还可以进行机车车辆的检修作业。

### 2.4.1 区段站的作业

区段站所办理的作业远比中间站复杂，主要作业包括客运作业、货运作业、运转作业、机车作业和车辆作业等。

**1. 客运作业**

客运作业包括旅客乘降，行李、包裹和邮件的承运、保管、装卸和交付，以及为旅客提供生活、文化等服务。

**2. 货运作业**

货运作业主要处理零担及整车货物的承运、装卸、保管、交付，个别区段站还办理冷藏车的加冰及车辆洗刷等。

**3. 运转作业**

运转作业主要包括以下两类内容：一类是与旅客列车有关的运转作业，主要办理通过旅客列车的接发作业，一些车站还负责铁路局管辖范围内或市郊旅客列车的始发、终到以及个别车辆的甩挂作业。另一类是与货物列车有关的运转作业，主要办理无改编中转列车的接发和有关作业；对区段和零摘列车进行解体、编组作业；办理向货场、工业企业专线取送车等作业。

### 4. 机车作业

机车作业主要是更换货物列车的机车和乘务组，部分车站也更换旅客列车的机车和乘务组。当采用循环交路时，机务段所在的区段站的列车机车不进段，仅在站内到发线上或其附近进行检查、整备作业；当采用长交路时，有的区段站无须更换机车，仅更换机车乘务组或进行部分整备作业。

### 5. 车辆作业

车辆作业主要进行列车技术检查和车辆检修(摘车修和不摘车修)作业。在少量设有车辆段的几个区段站也进行车辆的段修作业。

## 2.4.2 区段站的设备

### 1. 区段站的基本设施设备

为了保证区段站完成主要作业，区段站需要配备以下设施设备。

1) 客运业务设备

客运业务设备主要有旅客站房、旅客站台、雨棚及横越线路设备等。客运业务的设备要相互协调，形成一个有机整体，方便旅客的乘降。旅客站房的布置应与城市和车站的布置相配合，其位置应该设置在车站中部，且靠近主要居民区一侧。站前广场的位置和规模应根据客流量的大小、旅客站房的规模及布置形式来设计，并应考虑城市规划、道路布局、交通条件，结合地形及远期发展。

2) 货运业务设备

货运业务设备包括货场及其相关设备，如装卸线、存车线、货物站台、仓库、雨棚、堆放场和装卸机械等。

3) 运转业务设备

(1) 列车到发线。列车到发线应直接连通正线并靠近车站站房，其一端接入牵出线，便于调车机车至到发线摘挂车辆，另一端接入机务段，以便更换机车。

(2) 客车车底停留线。当区段站有始发、终到旅客列车车底停留时，应设客车车底停留线，以免占用到发线或调车线。若个别终到旅客列车立即折返，且停留时间较短，确定到发线已考虑该因素时，也可不设客车车底停留线。

4) 机车业务设备

在机务段(或机务折返段)所在的区段站上，如采用循环交路，在到发场或其附近，应设机车整备设备。当采用长交路轮乘制时，可设机车运用段或机务换乘点。

(1) 配置方案的种类

机务段的配置方案有5种，如图2.29所示。

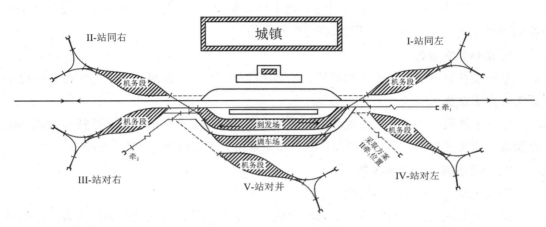

图2.29 机务段平面布置方案

① 在站房同侧(I-站同左、II-站同右)。列车换挂机车需跨越正线；占城镇土地多，影响居民区环境；靠机务段一端咽喉布置复杂，另一端机车走行距离长。一般情况下，不采用这种方案。

② 在站房对侧(V-站对并)。这种方案不需设专用机走线；机车在站内走行时间短；用地较少；机车出入段与调车作业干扰。但与列车到发的交叉平均分配在两端咽喉区；两端咽喉区构造简单，当车站横向发展困难，改编作业量较大时，对调车作业干扰严重。对远期没有发展需求的区段站，必要时可以考虑此方案。

③ 在站房对侧(IV-站对左和III-站对右)。这种方案占用土地较多；机务段一端的咽喉比较复杂，另一端机车运行距离较长，但机车出入段与调车作业不交叉，且不影响车站发展。

通常机务段的配置方案是采用站对右方案时机车出入段与列车出发进路交叉，采用站对左方案时机车出入段与列车到达进路交叉，交叉性质不同，但前者优越于后者。站对右方案更方便机车出入段，既适合横列式设计，又适合纵列式设计。

(2) 不同配置的要求

① 机务段设置应优先考虑站对右方案，其次考虑站对左方案。如果有一定的需要，可以考虑站对并方案。

② 机务段的设置要使中间咽喉具备合适的未来发展空间。为了疏解中间咽喉交叉，正线应该具备外包机务段的条件。

③ 客货纵列式区段站一般采用逐步扩建，机务段位置受现有场地影响，改建时应结合实际情况，因地制宜地进行方案规划。

④ 一级三场区段站具体参考一级三场编组站机务段的设置。

⑤ 改建区段站时，应尽量利用现有设备，有充分依据时可废弃原有机务段。

⑥ 选择机务段场地时，首先要考虑地形地质条件，尽可能避免复杂地基处理，为排除地下水、地表水、处理生产废水创造有利条件。

**5. 车辆业务设备**

车辆业务设备一般指列车检修所、站修所等维修站点。此外，在大型区段站还可根据实际需求设置车辆段。

除了上述设备类型之外，区段站的设施设备还包括通信信号装置、给排水设施、供电设备、照明设备、技术办公房屋以及与城镇道路交叉处的平(立)交设备等。

**2. 区段站的客运设备布置**

1) 到发线、客车车底停留线、正线

横列式及纵列式区段站客、货列车的到发线是兼用的，一般使用靠近旅客站台的到发线或正线接发旅客列车。影响列车到发车线数量的关键因素有列车对数及其性质、衔接线路方向数量及相邻区段的闭塞方式、车站布置方式、技术作业过程、作业方式、机车交路等。区段站旅客列车到发线的布置如图2.30所示。

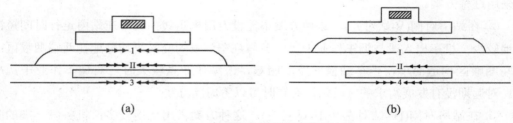

图2.30 区段站旅客列车到发线布置

(1) 到发线的布置。到发线布置的原则有以下几项：正线布置要顺直；客、货列车可以便捷到发，且站内交叉较少；旅客跨越线路尽量少，且横越线路设备建筑费用越少越好；布置形式需要利于货场设置，方便支线的引入以及可以很好地与工业企业线接轨；布置形式要利于线路保养维修以及可以更好地促进未来发展。

(2) 客车车底停留线的布置。为了方便接发旅客列车，客车车底停留线的位置可以设置在站房的同侧或调车线外侧。

(3) 正线的布置。正线布置的原则有以下几项：正线的布置应该遵循平直的原则；正线的布置要遵循方便客、货列车的到发，且车站内交叉越少越好的原则；正线的布置遵循旅客的跨线尽量少，且跨线设备建设费用越少越好的原则；正线的布置需要遵循便于货场设置、利于支线的引入以及可以很好地与工业企业线路接轨的原则；正线的布置要遵循利于线路的检修、保养以及便于未来发展的原则。

2) 机车走行线、机待线、机车出入段线

(1) 机车走行线。机车走行线的设置条件有以下几项：①每昼夜通过机车走行线的机车在36次及以上的区段站可设一条机车走行线；②纵列式区段站，采用循环交路制的区段站、机务段，在"站对并"位置的区段站以及机车通过机走线36次以下的区段站，均可不设机车走行线，可利用空闲的到发线出入段；③机车走行线的位置应根据车站布置图设置，以减少机车出入段与接发车交叉干扰次数和缓和交叉的严重程度为原则。

(2) 机待线。机待线一般指处于非机务段一端，专供牵引机车停留的线路。机待线的设置条件有以下几项：①新建横列式区段站在无机务段一端的咽喉区，一般应设机待线；②纵列式区段站上机务段对侧到发场出发一端的咽喉区，应设机待线。

(3) 机车出入段线。机车出入段线指专门供机车出入段使用的线路，通常位于机务段与到发场之间。机车出入段线的数量取决于列车对数、列车到发的不均衡性及机车运转方式。

3) 调车线

在有编解作业的区段站上，集结线每一衔接方向均需要设置一条调车线，车流大的方向可适当增加调车线，调车线的有效长度不应短于到发线的有效长度。

在无编解作业的区段站内，应设两条调车线，供本站作业车和待修车辆停留及调车用，调车线的有效长度应按最大存车数量确定。

4) 牵出线

牵出线的数量取决于调车作业车数、编组计划要求、调车作业方法、站内调机台数及分工、货场与工业企业线位置及作业量等因素。区段站调车场两端应各设一条牵出线，如每昼夜调车作业量不超过7列时，可缓设一条。

**3. 区段站的货运设备布置**

1) 货场平面布置

货场平面布置主要有尽端式、通过式、混合式三种类型。

(1) 尽端式货场是指货物线为尽头式的布置。尽端式货场占用土地较小，铺轨及道路长度较短，建设成本低，有利于与现场地形相结合，有利于与城市规划相协调；货物线与道路交叉干扰较少，零星车辆可以很方便进行取送作业，有利于货场的改建与扩建，有利于促进货场的进一步发展。但尽端式货场的车辆取送作业均在一侧进行，咽喉区域负担较重，取送车作业与装卸车作业有干扰。

(2) 通过式货场是指货物线为通过式的布置。通过式货场在货场两端进行取送车作业，作业方便，互不干扰，货场作业能力大；有可能利用货物线办理整列装卸。但通过式货场的占地面积较大，铺轨及道路较长，建设成本较高，不利于零星车辆进行取送作业；货场道路与货物线交叉较多，取送车作业与地方搬运有干扰，降低了作业效率。

(3) 混合式货场是指货物线一部分为通过式，一部分为尽头式。混合式布置兼具通过式货场和尽端式货场的优点和局限性。

2) 货场设备布局

货场设备主要包括仓库和货棚。

(1) 仓库。货场仓库的种类繁多，有如下几种分类。

① 依据其自身结构的层次，仓库可分为单层仓库、双层仓库、多层仓库。

② 依据平面布置形式，仓库可分为矩形仓库、阶梯形仓库、柿形仓库。

③ 依据与装卸线的配置，仓库分为跨线型仓库、非跨线型仓库。

④ 依据储存类别，仓库可分为整车仓库、零担仓库、中转仓库、危险品仓库。

(2) 货棚。货棚一般用于零担货物中转，分为一般货棚和跨线货棚两类。跨线货棚一般被设置于多雨地区或货运量较大的货场。

3) 货物站台

货物站台是指为了方便装卸车而建于高于装卸线的平台建筑，一般用于储存不受风、雨、雪、阳光等自然条件影响的货物。为了便于排水，货物站台通常采用一面或双面横坡，其坡度在2%～3%之间。货物站台通常有普通站台、尽端式站台、高站台三类。

(1) 普通站台。普通站台存放不受自然条件影响的货物，如露天站台或设有仓库、货棚的站台。按站台与装卸线的配置形式可分为侧式站台、端式站台、综合式站台三种，分别如图2.31、图2.32和图2.33所示。

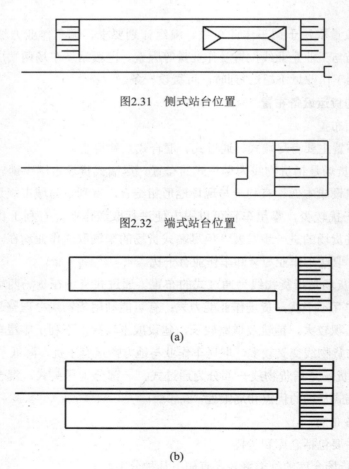

图2.31　侧式站台位置

图2.32　端式站台位置

(a)

(b)

图2.33　综合式站台位置

(2) 尽端式站台。尽端式站台可以单独设置，也可以与平行于线路的普通平台合并设置。此外，尽端式站台又可分带车钩和无车钩两种类型。

(3) 高站台。高站台是指站台面高于普通货车或汽车地板水平高度的站台。

高站台可分为平顶式高站台、滑坡式高站台、跨线漏斗式高站台三种。图2.34是滑坡式高站台。

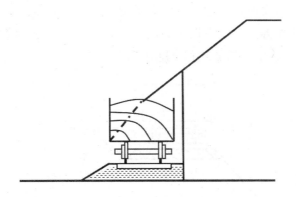

图2.34 滑坡式高站台

高站台有利于散堆装货物及不易破碎的小型货物装入敞车的作业；降低了人工成本，节省了工程总成本；加快了货物的装车作业速度。但高站台的设备投资成本较大；应用范围较小，没有形成规模效益；使用时要充分考虑地形、货物种类、货物运量等条件，避免造成不必要的损耗。

4) 堆货场

堆货场用于存放适合露天存放的散堆装的货物、粗杂品、集装箱和长大笨重的货物。货物运量、货位的布置形式、货位的宽度、装卸机械的类型等因素决定了堆货场的宽度。堆货场的长度不仅要满足堆货场面积的需要，还要满足取送车组长度的需要。

依据货物种类，堆货场可分为集装箱堆货场、散装货物堆货场；依据地面条件，堆货场可分为自然地面堆货场、一般加工地面堆货场、砌石地面堆货场、混凝土地面堆货场；依据水平高度，堆货场可分为平货位堆货场、低货位堆货场。下面主要介绍平货位堆货场和低货位堆货场。

(1) 平货位堆货场。平货位堆货场是指地面与装卸线位于同一水平高度的堆货场。货运量、货物种类、装卸机械种类、货位布置形式、货位宽度等决定了平货位堆货场的宽度和场地布置形式。堆货场的面积和宽度是决定平货位堆货场长度的重要参数。

(2) 低货位堆货场。低货位堆货场简称低货位，是指地面高度低于线路路肩的堆货场。低货位堆货场适用于大量散装货物的卸货，能够有效降低劳动强度，提高装卸速度，增大货位容量。

低货位堆货场的深度取决于货物种类、运量大小、卸货次数、出货能力、货位周转情况及地形等因素。低货位的长度既要满足堆货场面积的需要,又要满足取送车组的长度需要。

低货场堆货场有斜坡式和直壁式两种类型。斜坡式低货位堆货场的建设成本小于直壁式低货位的建设成本,且修建容易,但其容量较小,占地较多,在地形条件允许或利用既有装卸线的路基修建时可采用。直壁式低货位堆货场又称为高架线,大多采用钢筋混凝土结构,具有货位容量大,占地少的优点,散堆装货物运量较大时大多采用这种堆货场。图2.35、图2.36分别是斜坡式和直壁式低货位堆货场。

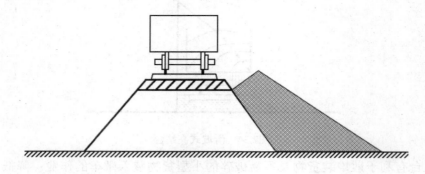

图2.35 斜坡式低货位堆货场

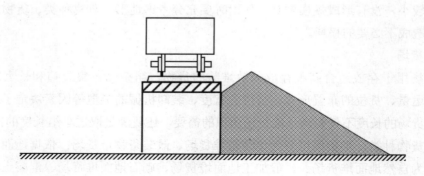

图2.36 直壁式低货位堆货场

5) 货场的布置位置

货场布置位置原则有以下几项:尽可能靠近主要货源、货流一侧,便于货主取送;车辆取送要便利,行程短,交叉少;均衡两端咽喉的作业负担;留有车站和货场发展的余地。货场的常见布置方式如图2.37所示。

(1) 站房同侧(方案Ⅰ-站同左、方案Ⅱ-站同右)。方案Ⅰ、方案Ⅱ有利于路外单位货物上下站,但不利于站内作业(切割正线)和货场发展。机务段的标准布置方案是站对右,当货场采取Ⅱ方案布置时,易造成两端咽喉负担不均,影响车站通行能力;Ⅰ方案较好,但如果装卸作业量和列车对数较多,需设置货场牵出线。

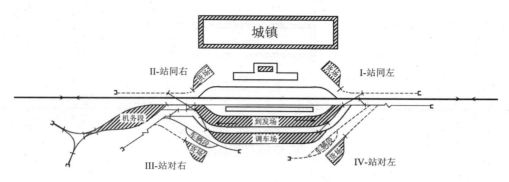

图2.37 货场布置方式

(2) 站房对侧(III-站对右,IV-站对左)。采取方案III、方案IV布置货场时,货场道路会与铁路交叉。当铁路有立交设备时,方案III优于方案IV。虽然货物与机务段处于同一象限,但在不影响末端咽喉能力的情况下,次要牵出线可作为取送作业的平行进路,为车站的纵向发展留出空间。

综上,当货场及作业量均较小时,采用方案I;当作业量在近、远期均较大时,采用方案III;当作业量近期小、远期大时,则优先采用方案I,其次采用方案III;当设置两个货场时,方案I可用于零担货物,方案III可用于整车货物;当货场以零担为主,与地方接触不大时,货场一般不设置在站同侧。

## 2.4.3 区段站布置方式

根据区段站平面布置图可以明显看出客运、货运、运转、机务和车辆五项设备的布置。因受地形、城市规划、正线数目、运量和运输性质等因素的影响,区段站布置方式呈现多样化。区段站的布置方式有横列式、纵列式及客货纵列式三类。

**1. 横列式区段站布置方式**

横列式区段站布置是指上、下行到发场平行布置在正线一侧,调车场并列于到发场一侧。

1) 单线铁路横列式区段站布置方式

图2.38为单线铁路横列式区段站布置方式。单线铁路横列式区段站的各设施设备紧凑;区段站站坪长度较短;车站占用土较地少;区段站的设备较为集中,便于工作人员进行管理;区段站作业操作极具灵活性,容易适应各种地形。

但横列式区段站布置方式的缺点在于,一个方向的列车机车出入段走行距离长,对车站同侧的货物取送车和正线会产生交叉干扰,降低了列车的运作效率。

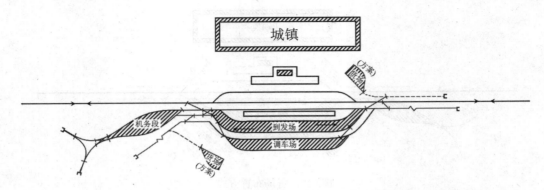

图2.38　单线铁路横列式区段站布置方式

2) 双线铁路横列式区段站布置方式

双线铁路横列式区段站布置方式如图2.39所示。双线铁路横列式区段站的客运业务设备位于城镇一侧，货物列车到发场分为上、下行两个车场(到发场1、到发场2)，且并列在两条正线的同一侧。调车场位于到发场2的外侧，两端设有牵出线，主牵出线设有驼峰。机务段位于"站对右"，有两条机车出入段线，机车走行线位于两个到发场之间，供下行列车机车走行。在机务段相对端(B端)设有机待线。货场位于"站同左"或"站对右"的位置。当有车辆段时，车辆段应设在调车场附近的"站对右"位置。

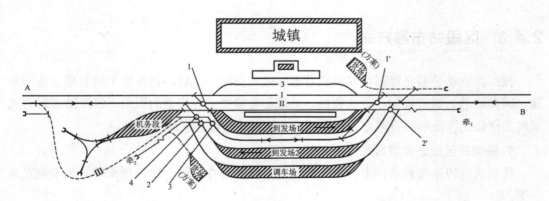

图2.39　双线铁路横列式区段站布置方式

双线铁路横列式区段站主要有以下4种作业进路交叉(见图2.39)。

(1) 考虑到上下两条线路均在正线一侧，因此车站A端上行旅客列车的发车进路与下行货物列车的到达进路之间发生交叉干扰(交叉1)，在B端上行旅客列车的到达与下行货物列车的发车进路之间发生交叉干扰(交叉1')。

(2) 考虑到上、下行两个到发场平行布置在调车场的同一侧，故使A端上行货物列车由到发场2的发车进路与到发场1自编车列经由牵出线2的转场进路产生交叉(交叉2)；使B端上行货物列车接入到发场2的到达进路与到发场1解体车列经由牵出线1的转场进路产生交叉(交叉2')。

(3) 考虑到上、下行两个到发场平行布置在调车场同一侧，且机务段位于"站对右"位置，因此，在上、下行货物列车的机车进出段与到发场1的自编列车经由牵出线2的转线作业在车站A端发生交叉干扰(交叉3)。

(4) 由于上、下行两个到发场位于正线同一侧，到发场2上行货物列车发车进路与下行货物列车机车(含客车机车)经由机走线出入段的进路会产生交叉干扰(交叉4)。

上述4条进路交叉，第1种交叉是客、货运列车到发进路交叉。随着交通运量的增加和客、货列车数量的增加，这种交叉会成为双线横列式区段站这种布置方式的主要矛盾，严重影响车站的行车安全，降低车站通行能力水平。为了从源头上解决这一矛盾，需要改变到发场与正线的相互配置位置。

第2种和第3种交叉是改编车列的转场进路与上、下行货物列车的到发及机车出入段产生的交叉。这两种交叉只有将到发场1和到发场2分别设置于调车场两侧，才能从根本上解决。一般情况下，区段站上的改编列车数量不多，所以这两种交叉不严重。此外，也可以将到发场2靠近调车场一侧线路，用来接发下行改编列车，达到缓解第3种交叉的目的。但如果将下行改编列车固定在到发场2靠近调车场的线路接车时，就会产生下行改编货物列车接发与上行货物列车到发之间的新的交叉。

对于第4种进路交叉，一般只要在到发场设置机车整备设备，采用机车循环运转制交路，列车机车在到发场上进行整备，不再入段，即可消除此交叉。如果采用电力机车或内燃机车牵引，则更需要在到发场内设置机车整备设备。此外，可以在A端的机务段周围建造外包正线Ⅲ，如图2.39所示，上行货物列车可以通过该正线出发，那么这种交叉就可以完全疏解。

双线铁路横列式区段站的车站建设占用土地较少；车站结构布置更为紧凑；区段站的设备较为集中；工作站配备人员较少，有利于减少人工成本；设备紧凑，人员简单，因此管理起来较为方便；对地形的适应性较强，有利于促进进一步发展。

但双线铁路横列式区段站具有以下缺点：一个方向的旅客列车到达(出发)与另一方向货物列车出发(到达)之间会出现交叉，如该区段站为客、货机车交路的始终点，则交叉较为严重；一个方向机车出入段的走行距离较长，交叉干扰较多。

因此，双线铁路横列式区段站适用范围为旅客列车对数不多，运输货物量较小，客货交叉不严重的区段站。

### 2. 纵列式区段站布置方式

为了消除双线铁路横列式布置方式中存在的客货列车交叉，提高车站通行能力，在正线两侧设置了上、下行货物列车到发场，并纵向错移，即形成纵列式区段站布置方式，如图2.40所示。

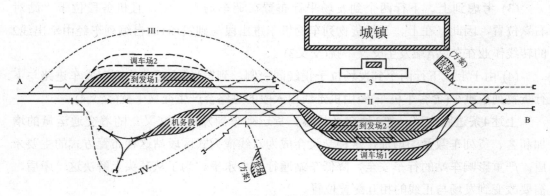

图2.40　纵列式区段站布置方式

1) 设备相互位置

在纵列式区段站中,上、下行货物列车到发场布置在正线两侧,两者之间有直接通道。在解编作业量较大的方向,即上行方向设置一个调车场,该调车场位于到发场2的外侧。旅客列车到发线位于到发场2的对面靠近城镇的一侧。其他设备的位置与双线横列式区段站相同。

2) 线路固定使用

到发场1是供下行方向的无改编中转货物列车到发,到发场2是供上行方向的无改编中转货物列车到发,靠近调车场的线路是供上、下行改编货物列车到发。因此,与站台相邻的到发线布置为双进路,到发场2中靠近调车场的部分线路布置为双进路,而其余到发线均设计为单进路。

3) 作业进路分析

到发场以纵列式形式布置在正线两侧,不仅可以确保具备双线横列式布置方式中的一些基本作业条件,还解决了双线横列式布置方式中存在的以下几个主要问题:第一,疏解了下行方向无改编中转货物列车的到、发与上行方向旅客列车的到、发之间的交叉干扰。第二,疏解了下行方向改编车列经由牵出线转线与上行方向货物列车到、发之间的交叉干扰。第三,缩短了下行方向无改编中转货物列车机车的出入段走行距离。

纵列式区段站布置方式不可能完全解决双线铁路横列式布置方式的所有缺点,其本身还存在以下交叉问题。

(1) 上、下行方向只设一个调车场,下行改编货物列车的到、发会在中部咽喉和B端咽喉与上行旅客、货列车产生交叉。但当下行改编货物列车的数量有限时,此交叉问题可以忽略不计。

(2) 下行到发场1在正线的另一侧,所以下行无改编中转货物列车的机车出入段需要跨越两条正线,与下行旅客列车的接车进路和上行的客、货列车的发车进路产生交叉。这种交叉可以通过循环交路或机务段外包正线Ⅳ及迂回线Ⅲ解决,如图2.40所示。

(3) 当有第三个方向接入到发场1或到发场1与调车场之间进行车组换挂、扣修车取送等作业时，需要跨越中部咽喉的正线和机车出入段的所有通路。

(4) 下行改编货物列车机车出入段走行距离仍然很长。

(5) 由于上、下行到发场采用纵列布置，需要长站坪，同时中部增加一个咽喉，工程造价和运营支出等都比采用横列式布置方式均有所增加。

基于以上分析可以明显看出，横列式区段站的主要交叉可以由双线纵列式区段站疏解。如果上、下行无改编中转货物列车和旅客列车数量较多，且两到发场之间的交换车流较少时，可以选择纵列式布置方式。但随着下行改编货物列车作业量的增加，它与上行客、货列车之间的矛盾会更加突出。因此，当上、下方向改编车流都很大，且交换车流不多时，可以在到发场1外侧设一个调车场2(见图2.40)。

5) 纵列式区段站特点

纵列式区段站疏解了下行无改编中转货物列车到、发与上行旅客列车到、发在横列式车站上的交叉干扰；下行无改编中转货物列车的机车出入段走行距离较短；有利于站房同侧专用线接轨。但纵列式区段站的站坪长，占用土地面积较多；车站设备较为分散，人员配置多，不利于车站的管理，降低了车站运行效率；一个方向机车出入段横切正线，降低了正线通过能力。

综上，纵列式区段站的适用范围为客货运量较大，引入方向较多，交换车流较少的双线区段站。

**3. 客货纵列式区段站布置方式**

客货纵列式区段站的布置方式是指旅客列车到发场和货物列车到发场采用纵向配列，如图2.41所示。该布置方式一般是因运量增长或新线引入，既有车站横向发展受到限制，或客货运量大，站内作业交叉严重，为疏解交叉而将原站改为客运车场，并沿正线适当距离另设货运车场而形成的。它的优缺点与纵列式区段站布置方式大致相同。

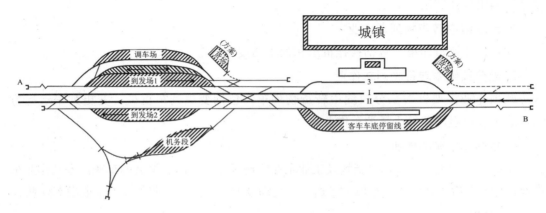

图2.41　客货纵列式区段站布置方式

客货纵列式区段站的客、货运车场分别设置，客货分流，作业干扰较少，管理方便；当城镇同侧接轨的岔线较多时，调车场可以布置在城镇一侧，对地方运输和城市的发展具有较强的适应性。

但客货纵列式区段站的客、货运车场需要增加设备和工作人员；既有岔线和货场取送车作业不方便；客、货运车场距离较近时，靠客运场一端的牵出线长度往往不能满足整列调车的需要，或是牵出线位于曲线上；既有机务段与货场间机车的走行距离增加，还可能产生折角走行，甚至需要另设出入段线。

# →2.5 编组站

编组站是处理铁路网上大量货物列车解体、编组作业，并有较完善调车设备的车站。编组站主要处理改编中转货物列车，编解各种货物列车和小运转列车，负责路网和枢纽的车流组织，为列车提供动力，对机车进行整备和检修，并对车辆进行日常维修和定期检修。编组站的作业数量和设备规模较区段站大。

## 2.5.1 编组站的作业

根据编组站在路网和枢纽内的作用和所承担的任务以及作业对象，编组站的作业分为以下几个方面。

**1. 改编中转货物列车作业**

此项作业是编组站的主要作业，包括解体列车的到达作业和解体作业，始发列车的集结、编组作业和出发作业。

**2. 无改编中转货物列车作业**

此项作业比较简单，包括换挂机车和列车的技术检查。

**3. 部分改编中转货物列车作业**

此项作业主要针对部分改编中转货物列车，包括变更列车重量、变更列车运行方向，或进行成组甩挂等少量调车作业。

**4. 本站作业车的作业**

本站作业车是指到发本站货场及工业企业线进行货物装卸或倒装的车辆。本站作业车作业过程比改编中转货物列车增加了送车、装卸及取车等三项作业，重点是取送车作业。

**5. 机务作业**

此项作业与区段站相同，包括机车入段、出段、段内整备及检修作业。

**6. 车辆检修作业**

此项作业包括在到发线上进行列车技术检查及不摘车的经常维修、轴箱及制动装置的经常保养、摘车的经常维修(站修)、货车的段修等。

**7. 其他作业**

(1) 客运作业，主要是旅客乘降。

(2) 货运作业，包括货物装卸、换装，保温车加冰、加盐，牲畜车上水、清除粪便，鱼苗车换水等。

(3) 军运列车供应作业。

## 2.5.2　编组站的设备

为完成各项作业，编组站需要设置以下设备。

**1. 调车设备**

调车设备是编组站的核心设备，用来办理列车的解体和编组作业，主要由调车驼峰、调车场(线)、牵出线、调车机车等几部分构成。

**2. 行车设备**

行车设备主要指接发货物列车的到发线，用来办理货物列车的到达和出发作业。根据其作业量的大小和不同的作业性质，可以设置到发场或到达场、出发场。为加速无改编中转货物列车作业，减少对其他作业的干扰，有时需单独设置通过车场。

**3. 机务设备**

机务设备即机务段，主要供本务机车和调车机车办理检修和整备作业。编组站一般均需设置机务段，且规模较大。双向编组站为了减少另一方向列车机车出入段走行距离和与其他作业的交叉干扰，必要时可修建第二套整备设备。

**4. 车辆设备**

车辆设备主要是对到发车辆进行检查和修理的设备。具体包括列检所、站修所和车辆段等。

**5. 货运设备**

编组站一般不设专门的货运设备，按照具体情况可设置货场、整倒装设备、加冰设备，以及牲畜、鱼苗车的上水换水设备。

**6. 其他设备**

其他设备包括客运设备、站内外连接线路设备、信号设备、联锁设备、闭塞设备、通信设备和照明设备等。编组站的客运业务很少，一般利用正线办理旅客列车的到发(通过)。站内外连接线路设备包括进出站线路、站内联络线和机车走行线等。

## 2.5.3 编组站的分类

编组站按其位置、功能和作业量可以分为路网性编组站、区域性编组站和地方性编组站三类。

**1. 路网性编组站**

路网性编组站位于路网、枢纽地区的重要地点，具有以下几个特点。

(1) 路网性编组站是承担大量中转车流改编作业、编组大量直通和技术直达的大型编组站。

(2) 路网性编组站一般衔接3个以上方向，或编组3个以上去向的列车。

(3) 路网性编组站编组2个以上去向的技术直达列车，或技术直达和直通列车去向达到6个，日均编组改编中转列车达6000辆。

(4) 路网性编组站设有单向纵列式、双向纵列式或混合式的站场，其驼峰设有自动或半自动控制设备。

**2. 区域性编组站**

区域性编组站一般位于铁路干线交会的重要地点，具有以下几个特点。

(1) 区域性编组站是承担较多中转车流改编作业、编组较多的直通和技术直达列车的大中型编组站。

(2) 区域性编组站一般衔接3个以上方向，或编组3个以上去向的列车。

(3) 区域性编组站编组3个以上去向的直通和技术直达列车，日均编组改编中转列车达4000辆。

(4) 区域性编组站设有单向混合式、纵列式或双向混合式的站场，其驼峰设有半自动或自动控制设备。

**3. 地方性编组站**

地方性编组站一般位于铁路干支线交会、铁路枢纽地区或大宗车流集散的港口、工业区，具有以下几个特点。

(1) 地方性编组站是承担中转、地方车流改编作业的中小型编组站。

(2) 地方性编组站一般编组2以上去向的直通和技术直达列车，日均编组改编中转列车达2500辆。

(3) 地方性编组站设有单向混合式、横列式布置的站场，其驼峰设有半自动或其他控制设备。

**知识窗**

### 郑州北站

郑州北站是亚洲最大的列车编组站，郑州北站的南北长度为6000多米，东西宽度则为1600多米，占地总面积5万多平方米，十分大气恢宏，被称为全国设计布局最科学的编组站，有"编组站教科书"之称。

资料来源：国家中心城市郑州：省会的变迁与发展[EB/OL]. https://www.163.com/dy/article/FCMS9H780526OU0R.html.

## 2.5.4　单向编组站布置方式

单向编组站是指只设置一个调车场，上、下行合用一套调车设备(包括驼峰、调车场和牵出线)，其驼峰溜车方向一般与主要改编车流运行方向一致。一般把编组站图形称为"几级几场"布置方式，所谓"级"是指车站中轴线上纵向排列的车场数，"场"是指全站主要车场的总数。

**1. 单向一级三场横列式编组站布置方式**

单向一级三场横列式编组站的上、下行到发场并列在公用调车场的两侧，上、下行公用一套调车设备，如图2.42所示。

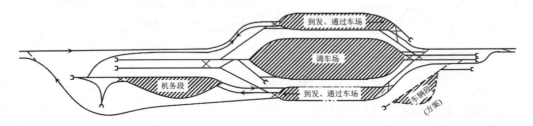

图2.42　单向一级三场横列式编组站布置方式

1) 单向一级三场横列式编组站的基本特征

(1) 两个到发场分别布置在调车场的两侧，三个车场横列布置，有效避免了列车到发与列车牵出或转线所产生的交叉。

(2) 正线采用外包设置，避免了横列式区段站布置方式中的客货交叉干扰。

(3) 机务段设在接发列车较多的到发场出口咽喉处。

(4) 车辆段设置在调车场尾部正线外侧，站修所一般设置在调车场外侧的线路上。

(5) 调车场头尾处各设置了两条牵出线，驼峰的位置取决于主要改编车流方向、地形、风向以及进一步发展条件。

(6) 两到发场与调车场之间是通过4条联络线连接的。

(7) 上、下行通过车场设置在到发场外侧。

2) 单向一级三场横列式编组站的特点

单向一级三场横列式编组站有效解决了横列式区段站存在的上、下行客货列车进路交叉，以及列车到发与车列转线交叉问题；车站站坪长度较短，车场较少，建设成本小；布置紧凑，有利于人员管理，作业极具灵活性。但单向一级三场横列式编组站编成的列车向任一方向发车前均需向出发场转线，改编车流折返走行严重，增加了牵出线的负担和走行距离，降低了车站的改编能力；当上、下行车流不平衡时，两侧的调机和牵出线会出现忙闲不均的现象。

3) 单向一级三场横列式编组站布置方式的适用范围

单向一级三场横列式编组站布置方式适应于双向改编车流较均衡，解编作业量不大或地形条件较为困难，从长远来看没有较大发展的中小编组站。此种布置也可以作为其他大中型编组站的过渡方式。

**2. 单向二级四场混合式编组站布置方式**

单向二级四场混合式编组站的上、下行出发场分别并列在调车场的两侧，衔接各方向线路的公用到达场与调车场是纵列布置的，如图2.43所示。

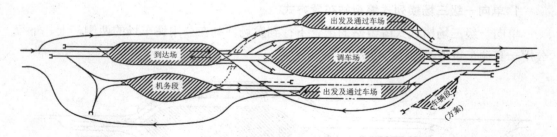

图2.43 单向二级四场混合式编组站布置方式

1) 单向二级四场混合式编组站的基本特征

(1) 公用到达场与调车场纵列配置，减少了车列解体时的牵出作业。

(2) 上、下行通过车场分别设置在两个出发场的外侧。

(3) 机务段一般设置在到达场旁边、反驼峰方向的一侧。

(4) 车辆段位于调车场尾部的适宜位置。

(5) 到达堆场与调车场之间设置中、小能力驼峰，一般采用双推单溜作业方式。调车场后端设置2条牵出线，通常配备2台调机。

2) 单向二级四场混合编组站的特点

单向二级四场混合编组站有效避免了到解列车牵引定数较大时整列牵出的困难；改编列车和调机的作业行程均比较短，列车解体作业较短，驼峰解体能力较大，此种布置解体能力与纵列式布置大致相同；车站站坪长度比纵列式布置短，可减少工程量，节约用地。但单向二级四场混合编组站的调车场尾部能力低，头尾能力不协调；反向改编列车到达与自编列车出发会产生交叉。

3) 单向二级四场混合编组站布置方式的适用范围

单向二级四场混合编组站布置方式适用于解编作业量较大或解编作业量大而地形条件困难的大、中型编组站。

### 3. 单向三级三场纵列式编组站布置方式

单向三级三场纵列式编组站的所有衔接方向公用一个到达场、一个调车场和一个出发场。到达场、调车场和出发场三个车场依次纵向排列，如图2.44所示。

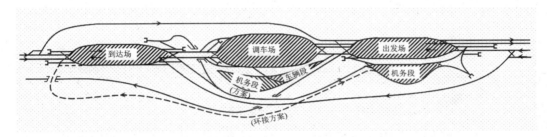

图2.44　单向三级三场纵列式编组站布置方式

1) 单向三级三场编组站的基本特征

(1) 所有衔接方向到达的改编列车均接入一个公用的峰前到达场，全部解编作业都集中在共同的调车场上办理，各个方向出发的自编始发列车也集中在一个共同的出发场上办理作业。

(2) 通过车场一般设在出发场外侧。

(3) 机务段设在出发场反驼峰反向的外侧。

(4) 车辆段布置在调车场旁。

(5) 正线外包，到发进路立交疏解。

2) 单向三级三场纵列式编组站的特点

单向三级三场纵列式编组站为车站各方向到达改编的列车在站内的改编作业提供了良好的条件，到达、解体、集结、编组和出发过程都是"流水式"作业；改编车辆和调机作业在站内的行程短，解编效率高，改编能力较大；站内各种作业交叉干扰较横列式和混合式都少，车站通过能力较大；同类车场集中布置且仅设一套调车设备，站内线路适用的灵活性大，线路数量、用地面积和车站定员均较双向布置方式有较大节省，为实现编组站自动化提供了有利条件。但单向三级三场纵列式编组站的反驼峰方向的改编列车走行里程较长；车站站坪长度较长，为6~8km，投资费用较大；站内采用跨线桥立体疏解布置，不利于向双向编组站布置方式发展。

3) 单向三级三场纵列式编组站布置方式的适用范围

单向三级三场纵列式编组站布置方式适用于顺驼峰方向改编车流较强，解编作业量大，衔接方向较多，车站具有较大的机动灵活性，以及地形条件允许，或近期运量虽然不大但远期又有较大发展的大型编组站。

## 2.5.5 双向编组站布置方式

双向编组站是指上、下行两个方向各有一套独立的调车作业系统的编组站。本节主要介绍双向三级六场纵列式编组站。

双向三级六场纵列式编组站的上、下行各有一套到发场、调车场和出发场，每套的三个车场均依次纵列布置，组成两个相应并列的独立系统，如图2.45所示。

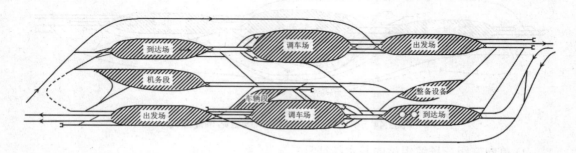

图2.45　双向三级六场纵列式编组站布置方式

### 1. 双向三级六场纵列式编组站的基本特征

(1) 上、下行通过车场分别设置在各该系统出发场的外侧。

(2) 机务段设置在两套调车系统之间，一般情况下设在机车折返较多的一侧，位于到达场和出发场之间，并设置两条机车走行线，使本务机出入段总走行距离最短。

(3) 两套调车作业系统间设置场间联络线，用来处理交换车流。

(4) 车辆段设置在两调车作业系统之间，并靠近空车方向的调车场尾部位置。

### 2. 双向三级六场纵列式编组站的特点

双向三级六场纵列式编组站的反向改编车流无多余折返走行，作业条件大大改善；因为有两套调车系统，车场又呈纵向排列，进步交叉少，所以通过能力和改编能力均较大；由于车场多，线路容量大，对运量的波动有较大的适应性和机动性，有较大的储备能力，有利于调整列车运行秩序，加速机车车辆周转；当编组站衔接方向较多时，有利于减少进出站线路布置和疏解的复杂性。但双向三级六场纵列式编组站衔接3个及以上方向的编组站，必然会产生折角车流，而两个调车系统间交换折角车流的走行距离长，会产生重复解体作业；因为有两套调车系统，所以占地面积大，车站定员多，工程投资多；两套调车系统间的相互协作困难。

### 3. 双向三级六场纵列式编组站的折角车流解决办法

折角车流是指在铁路线路交叉或会合的地点，从一条线路转至另一条线路并且运行方向发生变更的车流。减少折角车流的解决方法有以下3种：合理选择进站线路的引入方向；合理选择编组站的位置；设置第二进站线路。这3种解决方法可以有效使折角车流多的衔接方向具备分别引入两个系统到达场的进站通路，将部分折角车流变为顺向车流，如图2.46中虚线所示。

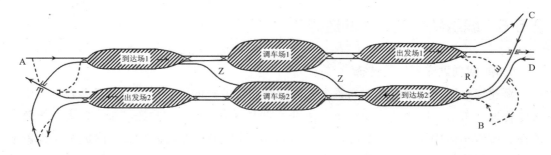

图2.46　具有双进线的双向编组站示意图

折角车流又可以分为折角直通车流和折角改编车流两类。折角直通车流是指在站内不进行改编的车流；折角改编车流指在站内进行改编并需重复分解的车流。

1) 针对折角直通车流的处理方法

(1) 在进站线路上增设渡线，把通过车场的部分线路设为双进路。

(2) 到达场与出发场之间设置环线。

2) 针对折角改编车流的处理方法

(1) 在两套调车系统间设置方便的联络线，如在两套系统的到达场与调车场之间铺设联络线，见图2.46中的联络线"Z"。

(2) 在车站一端设专门牵出线，将出发场出口咽喉和另一系统的到达场的入口咽喉连通，见图2.46的联络线"Y"。

(3) 在一个系统的到达场与另一个系统的出发场之间铺设环线，见图2.46的联络线"R"。

(4) 在两个系统的调车场中间设置公用的交换车场，供两系统间的折角改编车流集结所用，如图2.47所示。

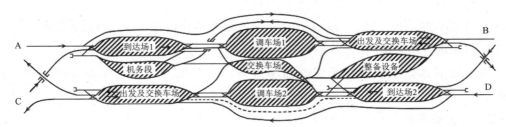

图2.47　公用的交换车场折角改编车流示意图

**4. 双向三级六场纵列式编组站布置方式的适用范围**

双向三级六场纵列式编组站布置方式适用于衔接方向较多，解编作业量大，且上、下行改编车流比较均衡，而折角改编车流量比重不大，地形条件又不受限制的路网性编组站。

## 2.5.6　编组站布置方式的选择

**1. 单、双向调车系统的选择**

新建编组站优先采用单向布置方式，此种布置方式的优势在于设施设备较为集中，方便管理，车站占用土地面积较小，建设总成本较少；当双方向改编车流较大，折角车流在总改编车流中所占比重较小(不大于15%)，且地形条件允许，或单向编组站容量不能满足实际需求时，可以选择双向编组站。

受地形等自然条件和车流的影响，可在枢纽内或在路网上相邻的两个编组站设置两个单向编组站，来取代一个双向编组站。此种布置方式不仅具备较大的改编能力和通过能力，而且双方向的改编列车和车辆没有多余的走行，更节省了运营费用。但此种布置方式存在一定的问题，如在折角车流较大时，重复作业会制约车站能力。

**2. 编组站车场位置的选择**

编组站车场位置的选择取决于以下几个因素。

(1) 编组站的选址取决于铁路网规划确定的编组站的位置和功能、新线引入方向、相邻编组站的分工、机车车辆设点以及整备规模等因素。

(2) 编组站位置应与枢纽总体布局相一致，应选择拆迁较少、地形地质条件适宜的场地。

(3) 尽可能不占或少占农田，尽可能地减少土石方工程量，尽可能地减少建设投资成本。

(4) 编组站设在大中城市附近时，应该充分考虑城市规划的要求，以距城市边缘3～10km为宜。

(5) 站内桥涵应尽可能地避开路基较宽区域。

(6) 车站位置最好平行于公路、河流，从长远看这样设置有较大的发展空间。

**3. 调车场方向的选择**

调车场的方向主要取决于驼峰溜车方向。调车场方向的选择需要遵循以下3个原则。

(1) 与主要改编车流方向相一致。

(2) 与地面标高相适应。

(3) 与控制风向一致。

这三项原则在选择上很难统一，如果发生冲突，改编车流量及其方向是首先要遵循的，其次兼顾地形及气象条件。

# ⊕2.6　铁路客运站

铁路客运站具有较强的开放性，目前大多铁路客运站已发展为综合性交通枢纽。在城市规划中，站前需设置大型广场和建筑物，并设有大型商场和商业街，以及休闲区，因此铁路客运站一般被视为城市建筑的重要景观。

## 2.6.1　铁路客运站的作业与主要设备

铁路客运站应具备完善的基础设施、科学合理的引导体系以及正确的客流组织方法，并需确保旅客列车的安全准时到达和发车，组织旅客安全、快速、有序地上下车，方便旅客办理各项出行手续，为旅客提供舒适的候车条件，保证铁路与城市交通的便捷联系，使旅客快速集散。

**1. 客运站的作业**

(1) 客运作业。客运作业包括客票发售、行包承运、装卸、保管和交付、邮件装卸和搬运等。

(2) 服务作业。服务作业包括旅客上下车、候车、问询、小件行李寄存，以及对旅客住宿、饮食、卫生、购物等方面的服务。

(3) 相关技术作业。相关技术作业包括列车到发、机车摘挂、列车技术检查、车底取送、客车上水、个别车辆摘挂、餐车供应及上燃料等。

(4) 其他作业。在始发、终到列车数量较大的客运站上，还设有单独的客车整备所，办理对客车的洗刷、检查、修理和整备作业。

**2. 客运站的主要设备**

客运站主要设备由站房、站场及站前广场构成。

(1) 站房。站房是客运站的主体，包括为旅客服务的各类用房、经营管理工作和办理行包收发的各类技术办公用房，以及职工生活用房等。

(2) 站场。站场是进行客运技术工作的场所，包括线路、站台、雨棚、跨线设备等。

(3) 站前广场。站前广场是客运站与城市实现联系的桥梁，包括车道、停车场和乘客活动地带、绿化带等。

## 2.6.2　铁路旅客运输的特点

**1. 旅客运输的主要对象是旅客，其次是行李、包裹和邮件**

铁路旅客运输要不断加强铁路技术设备和服务设施的现代化水平，扩大服务内容，提高服务质量，最大限度地满足不同层次旅客的物质文化生活需要。

**2. 客运需求的空间和时间不平衡**

发达地区旅客出行总需求较大，尽管长期看来，上、下行客流基本平衡，送抵总量差别很小，但在短期内，由于农忙、节假日、气候、城市交通等因素，全年各季度、月、日，甚至小时的客流波动较大。因此，必须预留一定的铁路客运技术设备及运输能力。

**3. 客运列车时刻表应适应客流变化**

客运列车编组的作业时间固定，旅客出行的"黄金时段"不仅要有足够数量的旅客列车频繁到达，而且到发时刻也要相近。对于旅客列车的运行组织来讲，对准确性、安全性、可靠性、便利性、严格性远高于货物列车。

**4. 旅客车辆固定配属**

旅客车辆一般包括餐车、行李车等，由铁路局配属于各个客运车辆段，从而便于对车辆进行运用、维修。此外，负责旅客列车乘务工作的客运乘务人员是固定随车值乘，这样便于熟悉情况并做好本职工作。旅客车辆的这种固定配属区别于大多数铁路货运车辆的全路通用和非固定配属的运用和管理办法。

**5. 客运计划编制方面**

一般只需编制年度的客运计划和客运机车、车底运用计划，通常重点节、假日计划是依据客流调查数据编制，依此来调整年度的客运计划和机车、车底运用计划，而无须再编制月度计划。

**6. 客运站的位置必须靠近城市**

客运站与城市交通要有密切的衔接。客运站的旅客列车到发线一般按方向、车次固定使用，不可随意变更，临时更改需要经过铁路分局的列车调度员许可。

**7. 应综合比较及选择旅客列车的重量标准、速度和密度**

依据运输市场竞争的需求来提高旅客列车的速度，以减少乘客的在途时间，并依据不同地区的需求特征，减少列车编组数量，提高列车运行密度和频率，从而提供更便捷的运输服务。鉴于旅客需求水平不同，旅客列车分为优质、特快、直快、慢车等不同等级。

## 2.6.3　客流及铁路客运站分类

### 1. 客流分类

客流是指依据出行需要，选择合适的出行方案，在一定时间和空间内做出有目的的移动。一般用数量、方向、行程和时间几个要素来表示客流。客流通常分为以下3种类型。

1) 直接客流

直接客流是指跨越两个以上铁路局线路乘车移动的客流。一般情况下，直接客流的出行距离较长、出行时间较长、各种物质文化需求较多，需要提供卧车和餐车。此种客流的乘客比较注重乘车的舒适性。

2) 管内客流

管内客流是指在一个铁路局线路范围内乘车移动的客流。通常情况下，管内客流的出行距离较短，除少数运程较长的列车外，一般不需要配备卧车和餐车。此种客流的乘客比较注重乘车的便捷性。

3) 市郊客流

市郊客流是指在大城市和附近郊区之间乘车移动的客流，通常其行程在100km以内。乘客主要出行的目的是上下班、上学等。此种客流的乘客尤其注意列车的准时性和方便性。

### 2. 铁路客运站的站级划分

按照等级划分，铁路客运站可分为特等站、一等站、二等站、三等站、四等站和五等站。

1) 特等站

特等站需符合以下3个条件之一。

(1) 日均上下车及换乘旅客在60 000人以上，并办理到发及中转行包在20 000件以上的客运站。

(2) 满足此项三个条件中的两个的综合业务站：日均上下车及换乘旅客在2 0000人以上，并办理到发及中转行包在2500件以上；日均装卸车在400辆以上；日均办理有调作业业车在4500辆以上。

(3) 首都、直辖市、各个省会管辖内的车站，可酌情指定。

2) 一等站

一等站需符合下列3个条件之一。

(1) 日均上下车及换乘旅客在15 000人以上，并办理到发及中转行包在1500件以上的客运站。

(2) 满足此项三个条件中的两个的综合业务站：日均上下车及换乘旅客在8000人以上，并办理到发及中转行包在500件以上；日均装卸车在200辆以上；日均办理有调作业业车在2000辆以上。

(3) 省会管辖内的车站，重要的国境站、口岸站，可酌情指定。

3) 二等站

二等站需符合下列3个条件之一。

(1) 日均上下车及换乘旅客在5000人以上，并办理到发及中转行包在500件以上的客运站。

(2) 满足此项三个条件中的两个的综合业务站：日均上下车及换乘旅客在4000人以上，并办理到发及中转行包在300件以上；日均装卸车在100辆以上；日均办理有调作业车在1000辆以上。

(3) 省会管辖内的车站，重要的国境站、口岸站，工矿企业比较集中地区的车站，位于3个以上方向并负责机车更换和列车技术作业的车站，可酌情指定。

4) 三等站

三等站需符合下列3个条件之一。

(1) 满足此项3个条件中的两个的综合业务站：日均上下车及换乘旅客在2000人以上，并办理到发及中转行包在100件以上；日均装卸车在50辆以上；日均办理有调作业车在500辆以上。

(2) 工矿企业比较集中地区的车站，位于3个以上方向并负责机车更换和列车技术作业的车站，可酌情指定。

5) 四等站

办理综合业务，但不具备三等站条件的客运站。

6) 五等站

只办理列车会让和越行作业的会让站和越行站。

## 2.6.4　铁路客运站布置方式

### 1. 通过式客运站

通过式客运站的全部旅客列车到发线均为贯通式，站房布置在正线一侧，高架候车室则为跨线式。通过式客运站的基本站台与中间站台用地道相连，整备所和机务段与客运站纵列布置，如图2.48所示。

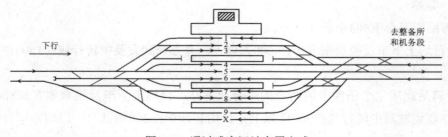

图2.48　通过式客运站布置方式

1) 通过式客运站布置的优点

(1) 车站有两个咽喉区，能分别办理接发车作业，减少旅客列车到发与车底取送和机车出入段之间的交叉干扰，因此通过能力大。

(2) 通过旅客列车除折角列车外，不必变更列车运行方向，到发线使用机动灵活，互换性大。

(3) 设计为跨线式高架候车室，便于组织旅客进出站，缩短旅客的走行距离。

(4) 旅客进出站与行包搬运流线交叉干扰少。

2) 通过式客运站布置的缺点

(1) 进站线路穿过城市与城市交通道路交叉干扰较大。

(2) 由于有两个咽喉区，站坪较尽端式布置长，占用土地较多。

综合上述优缺点，新建客运站应按通过式布置来设计。

**2. 尽端式客运站**

尽端式客运站的全部旅客列车到发线均为尽头式，站房设在到发线的一端或一侧，中间站用分配站台相连接，整备所和机务段与客运站纵列布置，如图2.49所示。

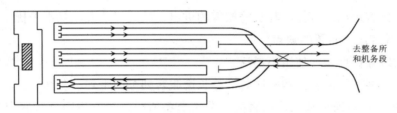

图2.49　尽端式客运站布置方式

1) 尽端式客运站布置的优点

(1) 因为只有一个咽喉，进线与城市道路的交叉干扰较少，所以更容易深入城区，旅客乘车出行方便。

(2) 站坪较短，占用土地较少，旅客出入站可不必跨越线路。

2) 尽端式客运站布置的缺点

(1) 车站作业集中在一端咽喉区，进路交叉干扰大，通过能力小。

(2) 对通过列车的换挂机车和变更运行方向等作业均不便。

(3) 列车进站速度较低，占用咽喉时间长。

(4) 旅客进、出站和行包搬运到经过靠近站房一端的分配站台，人流与行包流互相交叉。

(5) 旅客进、出站走行距离长。

综合上述优缺点，新建客运站通常不采用尽端式布置来设计，仅当以始发、终到客运列车为主的客运站采用通过式客运站将引起庞大工程或当地条件不允许时，可以考虑尽端式布置。

### 3. 混合式客运站

混合式客运站的一部分线路为贯通式，另一部分线路为尽端式。贯通式线路用来接发长途旅客列车，尽头式线路用来接发市郊旅客列车，如图2.50所示。

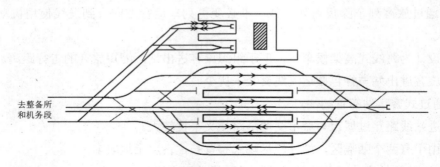

去整备所
和机务段

图2.50　混合式客运站布置方式

1) 混合式客运站布置的优点

(1) 当车站衔接的某一方向市郊列车较多时，设置部分有效长度较短的尽头式线路可以节省投资和用地。

(2) 市郊旅客进出站方便，与长途旅客的进出、站流线分离，互不干扰。

2) 混合式客运站布置的缺点

(1) 到发线互换性差，使用不灵活。

(2) 市郊旅客列车进、出咽喉区时，与长途旅客列车产生到、发交叉。

(3) 当市郊旅客列车和长途旅客列车公用整备所时，会产生市郊车底取送与长途旅客列车的到达交叉。

综合上述优缺点，在对现有客运站的改建和扩建时并有充分的依据下才采用混合式客运站布置。在混合式客运站布置中，为了利于接发市郊旅客列车，尽头式线路应设在市郊列车到、发较多的位置，并与客车整备所有便捷的通路。

## ➔2.7　铁路货运站

铁路货运站是办理货物装卸作业，以及专门办理货物联运或换装的车站。铁路货运站的基本任务是完成货运作业，组织好货运作业是货运站工作组织的核心。

### 2.7.1　铁路货运站的作业与主要设备

#### 1. 货运站的作业

货运站的主要作业包括运转作业、货运作业。有的货运站还办理机车整备作业、车辆冲洗消毒和冷藏车加冰作业，以及少量的客运作业。

(1) 运转作业，包括办理从编组站开来的小运转列车或从衔接区间开来的直达列车的接车作业；按装卸点选编车组，调送车组及按货位配置车辆；收集各装卸点装卸完毕的车组，并在调车线上进行集结；编组小运转列车或直达列车，向编组站或衔接区间发车。

(2) 货运业务，包括货物的托运和交付、装卸和保管；货运票据的编制；货物的过磅、分类、搬运、堆码及换装、加固、检查装载；办理铁路与其他运输部门的联运。

(3) 兼办作业，包括部分客、货列车的接发、通过和交会；不良车的修理；调车机车的整备；车辆的清扫、洗刷、消毒、保温车加冰等。

**2. 货运的主要设备**

为了完成货运站的作业，货运站应设置以下设备。

(1) 运转设备，包括到发线、调车线、牵出线等。

(2) 货运设备，包括货场配线、场库设备、装卸设备、道路及停车场、给排水设备及消防设备等。

(3) 其他设备，包括旅客站台、机车整备、车辆检修设备、集装箱及托盘维修保养设备、货车消毒洗刷设备、篷布维修设备、加冰设备等。

## 2.7.2 铁路货场的分类和设备

货场是铁路车站办理货运业务的基本作业场所。

**1. 货场的分类**

1) 依据办理货物的品类可分为综合性货场、专业性货场

(1) 综合性货场。综合性货场是指办理多种货物作业的货场，主要服务于城市工厂、企业、机关和居民，办理各种不同种类的整车、零担货物的到达作业，以及与车站相连的工业企业线、岔线的作业。

(2) 专业性货场。专业性货场是指办理单一品类货物作业的货场，如危险品、煤炭、木材、砂石等。

2) 依据办理货运作业的种类可分为整车货场、零担货场、集装箱货场、混合货场

(1) 整车货场。整车货场是指办理整车货物作业的货场。

(2) 零担货场。零担货场是指办理零担货物作业的货场，可分为零担到发货场、零担中转货场、零担到发和中转货场。

(3) 集装箱货场。集装箱货场是指办理集装箱货物作业的货场。

(4) 混合货场。混合货场是指办理整车、零担和集装箱货物作业中两种及两种以上作业的货场。

3) 依据货场的作业量及其地理位置可分为大型货场、中型货场、小型货场

(1) 大型货场。大型货场是年运量在100万吨以上的货场。

(2) 中型货车。中型货车是年运量在30万～100万吨的货场。

(3) 小型货车。小型货车是年运量在30万吨以下的货场。

一般位于大、中型城市和工业区的货场多为大、中型货场，而中间站货场多为小型货场。

**2. 货场的设备**

1) 配线

配线主要有装卸线、存车线、牵出线。

(1) 装卸线。装卸线是指专门为货物装卸作业而设置的线路，设有货物站台、雨棚、仓库和其他设施，还设有相应的装卸设备和装卸作业通道。

(2) 存车线。当货场运量较大或车站作业较为繁忙，无法按指定装卸地点进行选编车组时，则应在货场设置存车线。存车线也可供待卸车、换装整理车及其他车辆临时存放。

(3) 牵出线。牵出线是将装、卸作业完成的车体集结牵出，并送到驼峰进行编组的线路。

2) 场库

场库主要有仓库、货棚、货物站台、堆货场。

(1) 仓库。仓库是用来储存易受自然条件影响的货物、危险货物和贵重货物的封闭建筑物。

(2) 货棚。货棚也称雨棚，是在堆场或货物平台上修建的有顶建筑，用来储存怕湿、怕晒的货物。它可用于货物的临时或短期存储，并广泛用于零担货物的中转作业。

(3) 货物站台。货物站台是指为装卸车作业方便而修建的高于装卸线的平台建筑物，主要用于储存不怕风、雨、雪、阳光等自然条件影响的货物。

(4) 堆货场。堆货场主要用于堆放适合露天保管的散装货物、集装箱以及笨重货物。

3) 冷藏运输设备

冷藏运输是指采用冷藏、保温、通风等特殊措施运送易腐(如肉类、鱼类、蛋类、牛奶、新鲜水果、新鲜蔬菜等)的运输，其主要设备有拖车、标准的冷藏集装箱、自带动力制冷机组的冷藏车厢。

4) 牲畜装卸及饮水设备

装卸牲畜较多的车站需要备有牲畜装卸及饮水设备。

5) 货车洗刷及消毒设备

货车在卸货后需要清理干净，车站应采取措施防止将应洗刷和消毒的货车排空或装货。同时，车站应配备清洁干净的货车装载货物。

6) 装卸机械及检修设备

装卸机械及检修设备主要有龙门吊、汽吊、轨道检修车。

7) 检斤设备

检斤设备包括磅秤、汽车衡、轨道衡、电子秤等。

8) 货场用具

货场用具是指搬运、保管货物所需的各种用具，主要有跳板、防湿枕木、防湿篷布等。

9) 房舍

房舍主要有货运室、装卸工人休息室、装卸机械修理室、门卫室和其他生产生活用房。大、中型货场的房舍还应设置围墙。

## 2.7.3 铁路货运站的分类和特点

### 1. 货运站的分类

货运站根据不同的结构、工作性质及服务对象可以有不同的种类。

(1) 依据办理货物种类及服务对象，货运站可分为综合性货运站、专业性货运站。

(2) 依据办理货物作业的性质，货运站可分为装车站、卸车站、装卸站、换装站。

(3) 依据与正线连接的方式，货运站可分为尽头式货运站、通过式货运站。

### 2. 货运站的特点

由于货物来源、货物流向特点因素不同，各货运站作业的侧重点也不尽相同。

(1) 在卸货大于装货车站，货运作业应侧重于组织卸货工作，加强到货通知，及时组织卸车和搬运出货。

(2) 在装货大于卸货的车站，应加强货源和货流的组织，依据列车编组计划的要求来组织进货和装车。

(3) 在零担中转站，应组织好零担中转作业，加快零担货物的中转作业过程，还应注重零担中转设备的改进和合理使用，采用先进的技术设备，提高中转效率。

(4) 在港口站和不同轨距铁路的联轨站，应特别注意组织好换装作业，防止压船、压车。因此，要合理掌握汽车和船舶的到达时间和数量，不仅要确保接运能力的衔接，还要保证时间的协调。

## 2.7.4 铁路货运站布置方式

按照与枢纽内铁路线路衔接的不同，铁路货运站布置可以分为尽端式和通过式。

### 1. 尽端式货运站

尽端式货运站是指货运站设在铁路线路的终端。它的线上无通过列车,其线路配置可结合当地条件决定。按照车场与货场的相互位置,通过式货运站又可分为横列式尽端货运站和纵列式尽端货运站。

1) 横列式尽端货运站

横列式尽端货运站的车场与货场采用横列式布置,布置方式如图2.51所示。

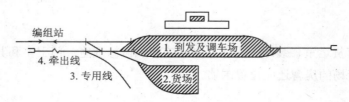

图2.51 横列式尽端货运站布置方式

横列式尽端货运站的站坪长度短,用地面积小;搬运设备的走行跨越铁路线路较少。但在横列式尽端货运站中,转线、调车和取送作业需要进行折返,增加了车辆的走行距离。

2) 纵列式尽端货运站

纵列式尽端货运站的车场与货场采用纵列式布置,布置方式如图2.52所示。

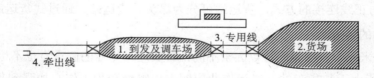

图2.52 纵列式尽端货运站布置方式

由于纵列式尽端货运站的到发场及调车场与货场采用纵列式布置,保证了向货场取送车的流水性,缩短了车辆的转线时间,并且货场与城市联系方便。但纵列式尽端货运站的场地较长,不便于管理,当有两台调车机车作业时,货场取送车与列车解编作业会产生互相干扰,调车机车的走行距离较长。

### 2. 通过式货运站

通过式货运站是指铁路线路从一侧深入货运站,从另一侧穿出。在枢纽站,通过式货运站一般和中间站、区段站一并设置,并有许多工业企业线与之接轨。通过式货运站根据其主要车场的相互位置,又分为主要车场横列和主要车场纵列两种方式,分别如图2.53所示。

由于通过式货运站的线路贯穿通过货运站,车站作业分别在两端咽喉进行,作业能力较大。但这种布置方式与城市干道交叉干扰大,不易深入城市中心。

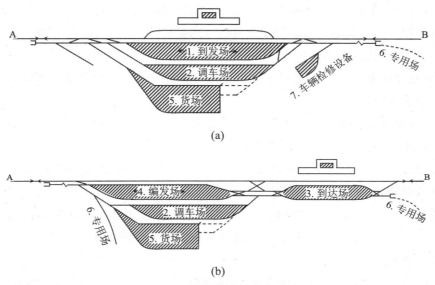

图2.53 通过式货运站布置方式

## 2.7.5 铁路货物运输的分类及组织条件

根据运输生产的实际情况，铁路货物运输的类型分为整车、零担和集装箱三种形式。一批货物的重量、体积或形状需要多辆货车运输的，按整车托运；不够整车运输的，按零担托运；符合集装箱运输条件的，可按集装箱托运。

**1. 整车运输**

整车运输是指货物的重量、体积、性质或形状要求一辆或多辆铁路货车(集装箱装运除外)完成运输。

需要注意的是，一批货物无论是总重量还是总体积，均应符合车辆的规定；一件货物的形状不适合进入车棚或者敞车与其他货物装配、有特殊运输要求的货物、不能清点件数的货物都应当按整车处理。

需要整车运输的特殊货物包括以下几类：①需要冷藏、保温或加温运输的货物；②按规定需由整车运输的危险货物；③易污染其他货物的货物；④蜜蜂；⑤不易计算件数的货物；⑥未装容器的活动物；⑦单件重量超过2吨，体积超过3立方米或长度超过9米的货物。

**2. 零担货物**

零担货物是指货物的重量、体积、性质或形状不需要一辆铁路货车(用集装箱装运除外)进行运输。零担货物装车时，必须将多批目的地或去向相同的许多批零担货物集结在同一辆货车，然后挂运。为便于装卸、交接和保管，有利于提高作业效率和货物安全，除应按整车处理的货物外，单件最小体积不小于0.02立方米(单件重量大于10公斤的一件除外)，每批货物不超过300件，均可采用零担运输方式处理。

根据零担货物的装运方式，零担车可以分为整装零担车、沿途零担车。整装零担车又可以分为直达整装零担车和中转整装零担车。

(1) 直达整装零担车。直达整装零担车是指将货物从发站可直接运至到站，无须进行中转作业的零担车。

(2) 中转整装零担车。中转整装零担车是指将同一去向，但不同目的地的货物送到规定的中转站进行货物中转作业的零担车。

(3) 沿途零担车。沿途零担车是运送指定区段内各站零担货物的零担车。

**3. 集装箱运输**

集装箱运输是运输中利用集装箱装运货物或运输空集装箱。集装箱适用于运输精密、贵重、易损货物，但下列货物严禁集装箱运输：①易污染和腐蚀箱体的货物，如水泥、炭黑、化肥、盐、油脂、生毛皮、牲骨、没有衬垫的油漆等；②易损坏箱体的货物，如生铁块、废钢块、无包装的铸件等；③鲜活货物(不易腐烂的货物除外)；④危险货物(除非另有规定)。

## ⊙2.8　高速铁路车站

高速铁路是指设计标准等级高、可供列车安全高速行驶的铁路系统。高速铁路车站是高速铁路枢纽系统的核心，是铁路运输的关键节点，是办理客货运输组织的基地，又是铁路系统的一个基本生产单位。

## 2.8.1　高速铁路车站设计特点

高速铁路的设计一般通过改造原有线路，或专门修建新的高速线路来实现。在设计线路的同时，车站也随之被设计，高速车站设计包括以下几个特点。

(1) 高速车站运营单一，只承担客运业务，不办理行包和邮件的货运业务。

(2) 高速车站以"安全第一"为设计思想。

(3) 高速车站以"以人为本、方便旅客"为设计宗旨。

(4) 高速车站的客运设施、客运组织以及行车组织要满足高效率作业的要求。

## 2.8.2 高速铁路车站与既有站分设布置方式

高速铁路车站的布置方式与高速、跨线旅客列车共线运行模式、车站性质、运营需要、动车段(所)、客车整备所的配置以及地形条件等因素有关,应在满足运营要求前提下结合实际情况而确定。依据技术作业性质,高速铁路车站可分为越行站、中间站、始发终到站以及通过兼始发终到站4种类型。

**1. 高速越行站**

高速越行站专门用来办理高速旅客列车的越行。因不办理旅客的乘降作业,越行站可不设置站台,只需设置2条待避用的到发线。高速越行站布置如图2.54所示。

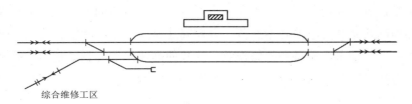

综合维修工区

图2.54 高速越行站布置方式

**2. 高速中间站**

高速中间站主要办理高速旅客列车停站或不停站通过;中速旅客列车待避高速旅客列车;少量高速旅客列车夜间折返停留;各种停站旅客列车的客运业务。高速中间站的布置有对应式和岛式两种。

1) 对应式中间站

对应式中间站的两个站台之间设置4条线路,设置两条停车待避的到发线,可供办理列车四交会,其布置方式如图2.55所示。这种布置方式的优点是站台不靠近正线,高速列车从正线通过时不会影响站台上旅客的安全,站台安全退避距离不必加宽。若客流量较大且其中一个方向需办理两列停站待避列车时,可增加1条到发线,如图2.55虚线所示。此种布置是常用的中间站方式。

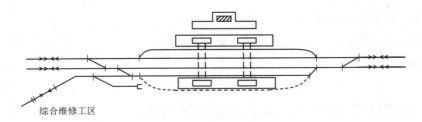

综合维修工区

图2.55 高速对应式中间站布置方式

2) 岛式中间站

岛式中间站的中间站台靠近正线,布置方式如图2.56所示。在这种布置方式下当正线上有高速旅客列车停靠站台时,会影响后续跟踪列车通过,降低区间的通行能力。因此，此种布置方式一般不被采用，只有当停站的旅客列车较多时，为充分利用站台才采用这种方式。

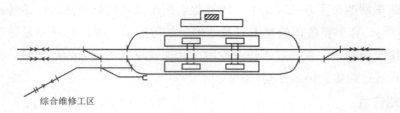

图2.56　有折返作业的中间站布置方式

### 3. 高速始发终到站

这类车站设置在高速铁路的起点和终点，位于特大城市的铁路枢纽上。高速始发终到站主要办理高速旅客列车的客运业务；办理高速旅客列车的始发、终到、列车组取送和折返业务；办理动车组整备和检修作业。新建的高速始发终到站基本没有不停站通过列车，正线与到发线之间可设中间站台，如图2.57所示。

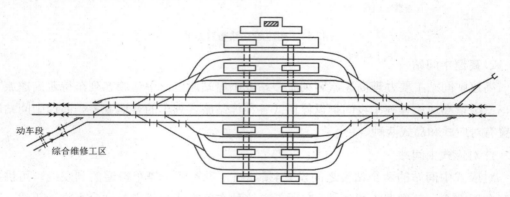

图2.57　高速始发、终到站布置方式

### 4. 高速通过兼始发终到站

高速通过兼始发终到站主要办理高速旅客列车的客运业务；办理通过的高速、跨线旅客列车作业；办理部分高速列车的始发和终到作业；办理动车组的取送和折返作业；办理动车组的整备和检修作业。

新建的通过兼始发终到站布置方式与始发终到站或中间站基本相同，可设有动车段(所)或综合维修工区。

## 2.8.3　高速铁路车站与既有站合设布置方式

### 1. 合设的优势和设计原则

1) 高速铁路车站与既有客运站合设的优势

(1) 既有客运站一般位于城市中心附近，高速铁路车站与既有站合设有利于吸引更多的高速列车客流。

(2) 有利于利用既有客运站的车站服务设施，节省城市用地和工程投资。

(3) 高速铁路车站与既有站相结合，可以节省旅客出行时间，方便旅客乘降。

2) 高速铁路车站与既有客运站合设的原则

(1) 高速列车的运行及其接发进路应单独自成系统，普速列车不得进入高速系统，高、普速列车宜分场分线使用。

(2) 在跨线列车需上、下高速线运行的车站，高速车场与普速车场之间应设渡线或具有立交疏解设备的联络线。

(3) 客运站房公用，但高铁与普列旅客的进、出站通路及候车室应尽量分开。

**2. 合设的布置方式**

当高速铁路车站与既有站合设时，有以下几种布置方式。

1) 高速列车与普速列车公用车场

这种布置方式的高速线在枢纽前方站与既有线合并进入枢纽，利用既有正线进入既有客运站，既有客运车场为高速与普速列车公用股道，如图2.58所示。在这种布置方式下，高速铁路车站的建筑费用低，但高速与普速系统旅客列车的作业交叉干扰大，指挥组织复杂。

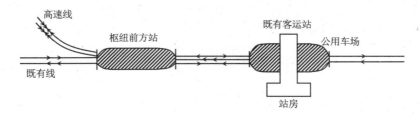

图2.58 高速列车与普速列车公用车场布置方式

2) 高速车场与普速车场咽喉互不连通

这种布置方式将高铁引入既有客运站，分别设置高速、普速车场，两车场的咽喉不相通，如图2.59所示。在这种布置方式下，高速列车与普速列车的运行互不干扰，相互独立，作业无交叉干扰，指挥组织简单，但跨线列车不能上、下高速线。该方式仅适用于跨线旅客列车不上、下高速线的车站。

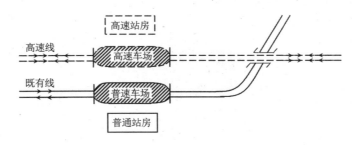

图2.59 高速车场与普速车场咽喉互不连通布置方式

3) 高速列车车场与普速列车车场在同一平面并列合设

这种布置方式又可分为高速线与既有线并行引入既有尽端式客运站、高速线与既有线并行引入既有通过式客运站。

高速线与既有线并行引入既有尽端式客运站的布置方式如图2.60所示。这种布置是将靠近既有站至站房一侧的既有线改建为高速列车到发场，新建副站房，并在该侧扩建普通列车到发场。

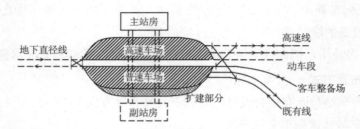

图2.60　高速线与既有线并行引入既有尽端式客运站布置方式

高速线与既有线并行引入既有通过式客运站的布置方式如图2.61所示。这种布置是在既有车场一侧扩建高速车场，专供接发高速列车，而既有车场供接发中速或普通列车。

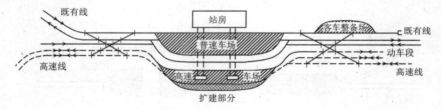

图2.61　高速线与既有线并行引入既有通过式客运站布置方式

4) 既有站上方设高架高速列车车场

这种布置方式是将高速线高架引入既有站，在其上方设高架高速车场，用来接发高速旅客列车和通过车站不停车的跨线旅客列车，而既有站接发始发、终到停站通过的普速旅客列车。既有站上方设高架高速列车车场平面、横断面布置方式如图2.62所示。在这种布置方式下，两车场两端采用进站线路立交疏解设备互相连通，便于跨线客车上、下高速线高速旅客列车的旅客可通过主、副站房的自动扶梯和高架候车室通廊进、出站和换乘；普速旅客列车的旅客可通过高架候车室和地道进、出站。

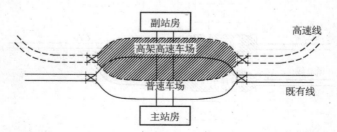

图2.62　既有站上方设高架高速列车车场平面、横断面布置方式

5) 既有站下方设地下高速列车车场

这种布置方式是将高速线从地下引入，在既有站地下新建高速车场，如图2.63所示。这种布置方式下的既有站与高速车场的作用与在既有站上方设高架高速车场的作用相同，两车场两端采用进站线路疏解设备互相连通，便于跨线列车上、下高速线，高速旅客列车的旅客可沿地道和自动扶梯进出站和换乘；普速旅客列车的旅客可通过高架候车室和地道进、出站。

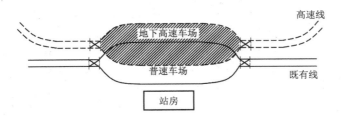

图2.63 既有站下方设地下高速车场平面、横断面布置方式

# 【习　题】

1. 铁路车站的种类有哪些？

2. 会让站和越行站的区别是什么？

3. 中间站的作业包括哪些？

4. 中间站的横列式和纵列式布置的各自特点是什么？

5. 区段站包括哪些作业？

6. 区段站的货场布置有哪几种类型？

7. 编组站的设备包括哪些？

8. 单向三级三场纵列式编组站的布置特点是什么？

9. 编组站车场的位置选择取决于哪几个因素？

10. 铁路客运站分为哪几个等级？

11. 铁路货运站的布置方式有哪几种，特点各是什么？

12. 高速站与既有站合设的优势有哪些？

# 第3章 公路站场

**教学提示**

　　本章重点介绍了公路客运站的类型、站级划分、组成及工艺流线、选址原则和平面布置；重点介绍了公路货运站的类型、站级划分和平面布置；介绍了公路停车场的分类、任务和要求，车辆停发和停放方式，停车场的布置原则，地面停车场的构成。

**学习目标**

- ◇　理解公路客运站和货运站的类型与站级划分；
- ◇　熟悉公路客运站的组成及流线；
- ◇　重点掌握公路客运站和货运站平面布置；
- ◇　理解停车场的分类及其任务与要求；
- ◇　掌握车辆停发和停放方式，停车场的布置原则，以及地面停车场的构成。

**知识结构**

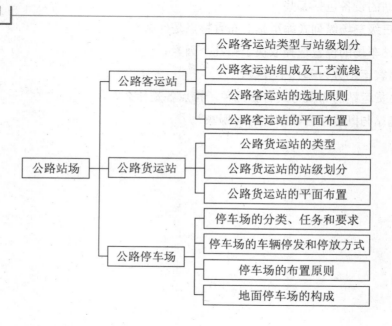

# 3.1 公路客运站

公路运输站是办理公路运输业务及维护车辆的场所，其中办理公路运输业务的主要场所为客运站和货运站，维护车辆作业主要场所为停车场(库)、保养场、修理厂、加油站等。这些场所不仅是公路运输不可缺少的生产单位，也是公路运输网的重要组成部分。

作为公路运输部门的基本生产单位，公路客运站起着重要作用。公路客运站的主要任务是遵循为乘客服务的原则，满足人们日益增长的出行需求，同时满足工农业生产、城乡交流，以及社会经济发展等需求，提供安全、及时、舒适、经济的运输保证。

## 3.1.1 公路客运站的类型与站级划分

**1. 客运站类型**

作为旅客集散地，公路客运站应在运输、组织、协调、监督过程中发挥重要作用。根据设置地点和职能不同，我国公路客运站可以大致分为以下三种类型。

1) 自办站

自办站依靠国家投资或自筹资金等方式由公路运输部门兴建，并由汽车运输公司直接领导和管理的客运站。它通常设置在省、区、县各级政府所在地，以及交通枢纽点或旅客较集中的地点。

2) 代办站

代办站一般是委托代办的工作站，由县级客运站与当地城镇、乡村或国有企业单位协商代办的客运站。代办站一般设在客运量不大，且不具备筹建自办站条件的旅客集散点。

3) 停靠点

停靠点是只提供班车停靠或上下旅客服务的场所。停靠点的客流需求较小，且不具备设置代办站的条件。停靠点常常设置在客运班车沿线、客源量较小的旅客集散地。

设置上述三种类型的客运站之前要经过大量调研工作，确保能够满足旅客需求，并且一旦设置不宜轻易变动。

**2. 客运站级别划分**

根据车站设施和设备配置情况、地理位置和设计年度平均日旅客发送量(以下简称"日发量")等因素，客运站分为一级车站、二级车站、三级车站、四级车站、五级车站、简易车站、招呼站。汽车客运站设施配置情况如表3.1所示，汽车客运站设备配置情况如表3.2所示。

表3.1 汽车客运站设施配置情况

| 设施名称 | | | 一级站 | 二级站 | 三级站 | 四级站 | 五级站 |
|---|---|---|---|---|---|---|---|
| 场地设施 | | 站前广场 | ● | ● | ★ | ★ | ★ |
| | | 停车场 | ● | ● | ● | ● | ● |
| | | 发车位 | ● | ● | ● | ● | ★ |
| 建筑设施 | 站房 站务用房 | 候车厅(室) | ● | ● | ● | ● | ● |
| | | 重点旅客候车室(区) | ● | ● | ★ | — | — |
| | | 售票厅 | ● | ● | ★ | ★ | ★ |
| | | 行包托运厅(处) | ● | ● | ★ | — | — |
| | | 综合服务处 | ● | ● | ★ | ★ | — |
| | | 站务员室 | ● | ● | ● | ● | ● |
| | | 驾乘休息室 | ● | ● | ● | ● | — |
| | | 调度室 | ● | ● | ● | ★ | — |
| | | 治安室 | ● | ● | ★ | — | — |
| | | 广播室 | ● | ● | ★ | — | — |
| | | 医疗救护室 | ★ | ★ | ★ | ★ | ★ |
| | | 无障碍通道 | ● | ● | ● | ● | ● |
| | | 残疾人服务设施 | ● | ● | ● | ● | ● |
| | | 饮水室 | ● | ★ | ★ | ★ | ● |
| | | 盥洗室和旅客厕所 | ● | ● | ● | ● | ● |
| | | 智能化系统用房 | ● | ★ | ★ | — | — |
| | | 办公用房 | ● | ● | ● | ★ | — |
| | 辅助用房 生产辅助用房 | 汽车安全检验台 | ● | ● | ● | ● | ● |
| | | 汽车尾气测试室 | ★ | ★ | — | — | — |
| | | 车辆清洁、清洗台 | ● | ● | ★ | — | — |
| | | 汽车维修车间 | ★ | ★ | — | — | — |
| | | 材料间 | ★ | ★ | — | — | — |
| | | 配电室 | ● | ● | — | — | — |
| | | 锅炉房 | ★ | ★ | — | — | — |
| | | 门卫、传达室 | ★ | ★ | ★ | ★ | ★ |
| | 生活辅助用房 | 司乘公寓 | ★ | ★ | ★ | ★ | ★ |
| | | 餐厅 | ★ | ★ | ★ | ★ | ★ |
| | | 商店 | ★ | ★ | ★ | ★ | ★ |

注:"●"表示"必备";"★"表示"视情况设置";"—"表示"不设"。

表3.2　汽车客运站设备配置情况

| 设备名称 | | 一级站 | 二级站 | 三级站 | 四级站 | 五级站 |
|---|---|---|---|---|---|---|
| 基本设备 | 旅客购票设备 | ● | ● | ★ | ★ | ★ |
| | 候车休息设备 | ● | ● | ● | ● | ● |
| | 行包安全检查设备 | ● | ★ | ★ | — | — |
| | 汽车尾气排放测试设备 | ★ | ★ | — | — | — |
| | 安全消防设备 | ● | ● | ● | ● | ● |
| | 清洁清洗设备 | ● | ● | ★ | — | — |
| | 广播通信设备 | ● | ● | ★ | — | — |
| | 行包搬运与便民设备 | ● | ● | ★ | — | — |
| | 采暖或制冷设备 | ● | ★ | ★ | ★ | ★ |
| | 宣传告示设备 | ● | ● | ● | ★ | ★ |
| 智能系统设备 | 微机售票系统设备 | ● | ● | ★ | ★ | ★ |
| | 生产管理系统设备 | ● | ★ | ★ | — | — |
| | 监控设备 | ● | ★ | ★ | — | — |
| | 电子显示设备 | ● | ● | ★ | — | — |

注："●"表示"必备"；"★"表示"视情况设置"；"—"表示"不设"。

1) 一级车站

一级车站是指车站内设施和设备符合表3.1和表3.2中对应的各必备项，且具备下列条件之一的客运站。

(1) 日发量在10 000人次以上的车站。

(2) 省、自治区、直辖市及其所辖市、自治州(盟)人民政府和地区行政公署所在地，如无10 000人次以上的车站，可选取日发量在5000人次以上具有代表性的一个车站。

(3) 位于国家级旅游区或一类边境口岸，日发量在3000人次以上的车站。

2) 二级车站

二级车站是指车站内设施和设备符合表3.1和表3.2中对应的各必备项，且具备下列条件之一的客运站。

(1) 日发量在5000人次以上，不足10 000人次的车站。

(2) 县以上或相当于县人民政府所在地，如无5000人次以上的车站，可选取日发量在3000人次以上具有代表性的一个车站。

(3) 位于省级旅游区或二类边境口岸，日发量在2000人次以上的车站。

3) 三级车站

三级车站是指车站内设施和设备符合表3.1和表3.2中对应的各必备项，且日发量在2000人次以上，不足5000人次的车站。

4) 四级车站

四级车站是指车站内设施和设备符合表3.1和表3.2中对应的各必备项，且日发量在300人次以上，不足2000人次的车站。

5) 五级车站

五级车站是指车站内设施和设备符合表3.1和表3.2中各必备项，且日发送量在300人次以下的车站。

6) 简易车站

简易车站是指达不到五级车站要求或以停车场为依托，但具有集散旅客、停发客运班车功能的车站。

7) 招呼站

招呼站是指达不到五级车站要求，但具有明显的等候标志和候车设施的车站。

## 3.1.2 公路客运站的组成及工艺流线

### 1. 公路客运站组成

公路客运站办理的站务作业主要包括发售客票、行包受理、候车服务、客车准备、组织乘车与发车、客车运送、客车到达、交付行包及其他服务等。为了确保旅客在站内流动顺畅，公路客运站一般设置有站房、站前广场和站内停车场三部分，如图3.1所示。

图3.1　公路客运站的组成

(1) 站房。站房是客运站的主体，是旅客活动的重要场所，通常由售票处、行包房、候车厅、站台、服务设施(包括问询处、小件寄存处、广播室、卫生间、超市等)、行政办公室用房及司助人员食宿用房等组成。

(2) 站前广场。设置站前广场的目的是方便旅客集散和乘车，便于组织旅客流线，避免交叉和干扰造成人群的拥挤和混乱，保证旅客安全。站前广场须为乘客和相关车辆提供足够的活动空间，并且要环境优美。

(3) 站内停车场。站内停车场主要停放客运车辆，并附设对车辆进行维修和保养的车间，以保证客运车辆车况良好。

**2. 公路客运站的工艺流线**

流线是指由旅客、行包和各种车辆集散活动所形成的流动过程和路线。公路客运站工艺流程线是指将客流、行包流、车流合理组织起来，并统一协调，避免发生流线交叉。因此，客运站工艺流线的设计应满足以下几个要求。

(1) 合理处理每个流线之间的关系，分区明确，以保证不发生相互交叉和相互干扰。

(2) 各个流线尽量简短、通畅、明确，尽量缩短流线距离，售票处、候车厅、行包托运处和提取处、主要服务设施等部分的布局要合理，并能使各种流线既能自成体系，又能与其他流线有机地联系在一起。

(3) 站前广场内各种流线应采用适当的分流方式，可采用前后分流或左右分流，以达到人车分流、互不干扰的目的。

(4) 发送行包流线和到达行包流线应分开设置，并尽量避免行包流线与其他流线的交叉。

(5) 旅客流线的组织需具备一些灵活性，全面考虑工作日、节假日等不同情况下的客流需求。

(6) 车辆进出站口应沿站外主干线的顺行方向，进站口位于出站口前，以避免进站车流和出站车流的交叉干扰。

## 3.1.3 公路客运站的选址原则

为了满足人们的出行需求，公路客运站的合理规划和选址尤为重要。因此，在建设公路客运站时，公路运输部门应该与城市建设部门紧密配合，并遵循以下选址原则。

**1. 符合城市规划、合理布局**

公路客运站的建设应被纳入城镇总体规划，满足城市发展的需要，具有一定的前瞻性，即充分考虑城市的未来发展。公路站场还应进行合理布局，其位置的选择和占地面积应符合车站技术要求，因为一旦建好，不宜轻易改变。

**2. 便于旅客集散和换乘**

为了便于旅客集散和换乘，尽可能节省旅客出行时间和费用，减少换乘次数，应根据实际条件和具体需求选择站址。对于中小城市，客运站应靠近人口集中的居民区或公共交通枢纽；对于大城市，由于其面积和旅客量均较大，客运站应适当分散，或适当增加客运站数量。

**3. 注意与其他交通工具衔接、配合**

客运站的位置既要保证公路客运部门自身的方便，又要注意与城市公交系统、城市轨道交通、铁路、航空以及其他运输方式的站场衔接良好，这样可以确保客运工具易于停靠，确保车辆流向合理，乘客出行方便。

**4. 应具有足够的场地**

客运站需要具备足够的场地,其面积确定要有计算依据。在选址时,首先要明确客运站的业务功能范围;其次要将客运站内的生产和生活因素考虑在内;最后要考虑车站的改、扩建需要。

**5. 具备合理的工程、地质条件**

客运站的选址应具备必要的工程、地质条件,方便与城市公用工程网系(道路网、电力网、给排水网、排污网、通信网等)的连接。

# 3.1.4 公路客运站的平面布置

公路客运站不仅要为旅客提供进站、出站、候车、售票、行包托运及办理各种旅行手续等服务,还需为车辆提供保养、维修、配件、加油、清洁等服务,因此客运站的站前广场、候车厅、售票处、行包托运处、站台和发车位的平面布置应紧凑合理,分区明确,能够组织好进出站旅客流线、车辆流线及行包流线,符合城市规划总体布局的要求。

**1. 站前广场**

1) 站前广场的功能

站前广场的功能包括以下几个方面。

(1) 可以合理组织旅客和各种车辆在广场上安全、迅速、有序地集散。

(2) 为旅客提供了室外活动、休息和候车的场地。

(3) 周围的服务性建筑,如商店、旅馆、饭店等与站房建筑形成建筑群体,与城市面貌融为一体。

2) 站前广场的设计要求

设计站前广场的应遵循以下几点设计要求。

(1) 应妥善安排机动车和非机动车的行驶路线和停车场地,避免人流与车流的交叉。

(2) 尽量使旅客的进出站流线便捷、通畅。

(3) 站前广场的面积应根据车站规模来确定,一、二级站可按旅客最高聚集人数(每人$1m^2$)计算,三、四级站可酌情确定。一级站广场的进深不宜小于20m,二级站不宜小于15m,三级站不宜小于12m,四级站不宜小于10m。

3) 站前广场的布置

站前广场主要包括旅客活动场地、机动车和非机动车停车场地、绿化用地几个部分。

(1) 旅客活动场地。旅客活动场地包括旅客活动平台、休息场地和人行通道。

(2) 机动车和非机动车停车场地。停车场可布置在广场用地的前部,如图3.2所示,此种方式的站前广场进深较大。停车场还可布置在广场前城市道路的边沿,如图3.3所示，此种方式布置下的站前广场进深浅，且规模较小。停车场也可布置在站房的侧面，如图3.4所示，此种方式布置下的站前广场进深浅，但面宽较宽。无论停车场采用何种布置，都应使进入广场和停车场的车流遵循单向行驶原则，以尽量减少和避免人流和车流的交叉。

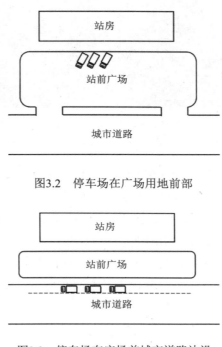

图3.2 停车场在广场用地前部

图3.3 停车场在广场前城市道路边沿

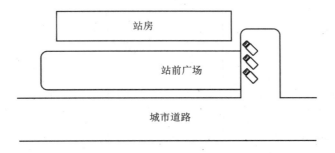

图3.4 停车场在站房侧面

4) 绿化用地

绿化用地一般不小于广场面积的15%。

**2. 候车厅**

候车厅是旅客活动和站务管理的中心，关系到整个客运站的使用效率，图3.5是上海汽车总站的候车厅。候车厅设置的合理性从一定程度上反映了客运站的服务水平。

图3.5　上海汽车总站候车厅

1) 候车形式

车站级别和旅客流量大小决定了候车形式，候车形式决定了候车厅的空间模式，根据客运站等级不同，候车形式分为以下几种。

(1) 四、五级站的候车形式。四、五级站的候车形式有两种。第一种是侧向候车形式，如图3.6所示。这种候车形式适用于客流量较少的四级站和五级站，其优点是流线简洁，便于旅客候车、检票和登车。第二种是两侧对称候车形式，如图3.7所示。这种候车形式也是适用于客流量较少的车站，其优点是平面布局呈对称式，流线清晰，有利于柱网布置，同时也便于立面造型。

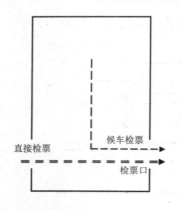

图3.6　侧向候车形式

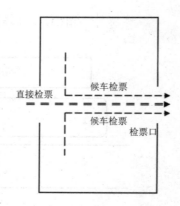

图3.7　两侧对称候车形式

(2) 一、二、三级站的一般候车形式。一、二、三级站的一般候车形式如图3.8所示。这种候车形式需要较大面积的候车厅，可以多条通道同时检票，适用于较大客流量的车站。这种候车形式的优点是高效利用候车空间，方便管理，同时能够提高旅客舒适度。

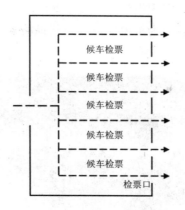

图3.8 一、二、三级站的一般候车形式

(3) 一、二、三级站的二次候车形式。一、二、三级站的二次候车形式如图3.9所示。这种候车形式可以节省人力，而且能够创造一个良好的候车环境。但是这种候车形式的站内面积浪费较多，在一次候车时容易造成人员拥挤，且检票效率较低，站务人员工作量突然增多，所以现在的候车厅很少采用这种候车形式。

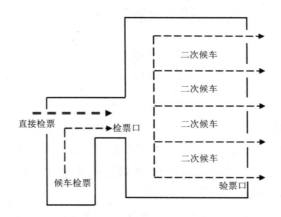

图3.9 一、二、三级站的二次候车形式

2) 候车厅面积计算

候车厅面积计算相关公式为

$$最大候车人数=有效发车位数×45人/车×(1.1～1.2)$$
$$候车厅面积=最大候车人数×1.1m^2/人$$

**3. 售票处**

售票处是专门售卖车票的场所，主要由售票厅、售票室、票据库和办公室组成。

1) 售票厅

售票厅是客运站旅客排队购票的用房空间，图3.10是沈阳某客运站售票厅实景图。售票厅一般独立设置，其面积指标是以售票窗口为计算单位的，一般每120人设置一个售票窗口。人工售票的售票厅面积指标为每窗口20m²，排队区长度可按12～13m设置；计算机售票的售票厅面积指标应为每窗口15m²，排队区长度可按8～9m设置。售票厅通道区长度宜为3～4m。

图3.10　沈阳某客运站售票厅

2) 售票室

售票室是站务工作人员售票的功能空间，通过服务窗口与售票厅相联系。售票室的总体进深不应小于4m，室内地面至售票口窗台面不宜高于0.8m，室内通常设有卷柜，用来存放文件或私人物品，其宽度宜在0.5～0.6m，室内还应留2.4m左右的活动空间。

3) 票据室和办公室

大于四级的车站应附设不小于9m²的票据库，票据库和办公室应尽量与售票厅和售票室紧密相连，所有用房构成客运站统一的售票体系，便于出入及管理。

**4. 行包托运处**

1) 行包托运处组成

行包托运处主要包括托运(提取)厅、受理作业室、行包库房和行包装卸廊4个部分，其中托运(提取)厅为旅客活动空间，其余3个区域为站务人员工作区。

2) 行包托运处面积计算

按规定，一级车站的托运单元数为2～4个，二级车站的托运单元数为2个，三、四级车站的托运单元数为1个。相关计算公式为

$$行包托运处面积=托运厅面积+受理作业室面积+行包库房面积$$
$$托运厅面积=25m^2÷托运单元×托运单元数$$
$$受理作业室面积=20m^2÷托运单元×托运单元数$$
$$行包库房面积=0.1m^2/人×设计年度旅客最高聚集人数+15m^2$$
$$行包装卸廊面积=行包装卸廊的最小宽度3.6m×有效发车位中距×有效发车位数$$
$$行包提取处的面积按行包托运处面积的30\%～50\%计算。$$

**5. 站台和发车位**

1) 站台

站台布置方式有一字式、锯齿式、弧形扇面式以及分列式。

(1) 一字式站台。一字式站台的站台与候车厅呈平行布置，如图3.11所示。此种站台

构造简单，是客运站站台的首选方案，但当发车位较多时，该站台平面将被拉成较长的带状结构。

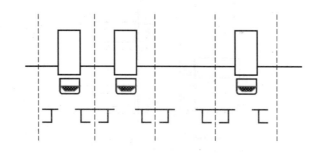

图3.11　一字式站台布置方式

(2) 锯齿式站台。锯齿形站台的站台与候车厅成小于90°的角度，如图3.12所示。此种站台采用斜向发车位，每个发车位有一个三角地带可供旅客短暂停留。

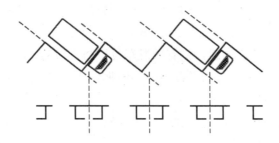

图3.12　锯齿式站台布置方式

(3) 弧形扇面式站台。当候车厅呈弧形的时候，一般采用弧形扇面式站台，如图3.13所示。此种站台造型美观，采用放射式发车位，视野开阔，进出车方便，但调车通道面积需较大，行包装卸廊也需对应做成弧形。

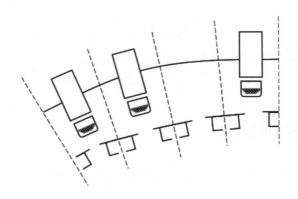

图3.13　弧形扇面式站台布置方式

(4) 分列式站台。分列式站台垂直于候车厅布置，设置了双向发车位，如图3.14所示。此种站台有效缩短了站台长度，但对检票口的设置不利，当客流量较大时，应适当增加检票口数量。

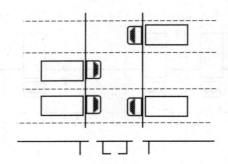

图3.14　弧形扇面式站台布置方式

2) 发车位

发车位的设置应该满足以下4个要求。

(1) 为便于组织旅客进站上车，有效发车位与候车厅检票口之间必须设置站台；有效发车位与站台相连，其高度差应大于0.15m。

(2) 如果客运站设有装卸通道，则有效发车位可与行包装卸廊共同设置。

(3) 在有效发车位上方局部应设置雨棚，雨棚伸入有效发车位的长度视情况而定，雨棚净高不应小于5m。

(4) 为了满足场地排水，发车便利等要求，发车位的地坪应设置坡向调车道，且其坡度应大于5‰。

# →3.2　公路货运站

公路货运站是公路运输不可缺少的生产单位，它的基本任务是满足区域内对公路货物运输的需求，提高车辆的实载率，为城市之间和城乡之间的货物运输创造良好条件，并组织好汽车运输与其他运输方式的衔接，保证安全、及时、经济地完成货运任务。

## 3.2.1　公路货运站的类型

公路货运站是以办理货运业务为主直接向车主和货主提供服务的车站。它是货物的集散点，也是交通运输网络的节点之一，内部实景图如图3.15所示。当前，公路货运站可以分为三类：整车货运站、零担货运站和集装箱货运站，下面分别进行介绍。

图3.15 公路货运站内部实景图

**1. 整车货运站**

整车货运站是从事整车直达和整车分卸的货运站。此类货运站是将不同的货物拼凑成整车，依据到达不同地点分别卸货。有的整车货运站也兼做零担货运业务。整车货运站主要从事托运、承运、结算运费等业务，主要有以下几个特点。

(1) 整车货运站是汽车运输公司的代表机构，负责调查和组织货源，并办理货运和其他业务活动。

(2) 整车货运站一般不设置仓储设施，仅提供运输货物和中途货物保管服务。整车货运站还承担货运车辆的停放和保管业务。

(3) 由于整车货运站运输量大且位置相对固定，需采用大吨位载货车和较高生产效率的装卸机械。

**2. 零担货运站**

零担货物是指托运货物的重量在3t以下、体积不满一整车的货物。零担货物要求单件货物重量不超过200kg，体积不超过1.5m³，长度不超过3.5m，宽度不超过1.5m，高度不超过1.3m。专门经营零担货物运输的汽车站称为零担货运站。

1) 零担货运站的特点

零担货运具有时效性强、货物种类繁多、流向分散、运货量小、批量多、价格贵等特点，故零担货运站有以下几特点。

(1) 因为零担货物一般是由托运单位或个人自行送达货运站进行托运，或由业务人员上门直接办理托运手续，所以其难以实施计划运输，站务作业计划性较差。

(2) 因为零担货运站的托运流程相对比较多，包括货运到达，货物验收、退运和变更，检货司磅，装车卸车，货物交接，货物中转等，所以站务工作量非常大，且工作流程复杂。

(3) 零担货运站包括站房、仓库和货棚、装卸场、停车场，以及相关生产辅助设施，各个部分要求配置合理，不仅要满足零担货运的技术要求，还要满足货主的托运要求，因此建站要求很高。

(4) 零担货运站需配备厢式货车作为运输工具，还应配备高效率的运输和装卸设备，因此设备条件要求高。

2) 零担货运站的组成

零担货运站由站房、仓库和货棚、装卸场、停车场、生产辅助设施组成。

(1) 站房。零担货运站的站房主要由托运处、提货处组成。托运处是货主办理托运、货物临时堆放及站务人员办理验货、司磅的场所；提货处是供货主办理提货手续的场所。

(2) 仓库和货棚。零担货运站的仓库是指保管存放受理托运货物、到站交付货物以及中转货物的场所。货棚是指为适应少量笨重零担货物的需要设置的场所。零担站的仓库和货棚均由货位、操作通道、进出仓门、装卸站台等部分组成。

(3) 装卸场。零担货运站的装卸场是供装卸车辆行驶、调车和装卸货物的场所。

(4) 停车场。零担货运站的停车场是停放保管驻站车辆的场所，其面积与营运车辆的车型及驻站车辆数目有关。

(5) 生产辅助设施。零担货运站的生产辅助设施由行政业务人员和后勤管理人员工作间、司乘公寓、食堂、浴室、装卸人员休息室等组成。

3) 零担货运站主要组成部分的功能要求

零担货运站的各个组成部分既要分工明确，又要协调统一。它的主要组成部分的具体功能要求有以下几点。

(1) 在站房底层应设置托运处、提货处及工作间，并与当地的主干道衔接，以方便货主送货；必须组织好托运流程，提供足够的场地，以避免托运高峰期托运处各流线交叉和干扰，造成混乱；受理托运的工作间应按作业流程设置，便于货主办理托运手续，让托运过程更高效。

(2) 仓库的位置和布局不仅要便于货物的储运，还要方便进行仓储生产。发货地点与仓库之间的距离应较短，以便于货物存放；如距离较远或货物吞吐量较大，可设置货物输送设备；提货区应尽量靠近仓库或货棚，以方便提货，也可直接由零担站送货上门。

(3) 装卸平台应设置在仓库一侧及装卸场附近，能满足多辆车辆同时进行装卸的要求；装卸站台应能与装卸机械配合作业，从而有助于减轻人员的劳动强度并提高装卸工作的效率。在装卸平台上应安装雨棚，以防雨水淋湿货物。

(4) 装卸场和停车场必须与车辆出入通道合理连接，以免车流交叉发生干扰；装卸场和停车场的面积应与使用的车辆车型和数量相适应，以保证车辆装卸作业顺畅和车辆停放状况良好。

**3. 集装箱货运站**

集装箱是指能装载包装货物或无包装货物进行运输，并便于用机械设备进行装卸搬运的一种组成工具。集装箱货运站是指主要承担集装箱运输的货运站，也称为集装箱公路中转站，如图3.16所示。

图3.16　集装箱货运站

1) 集装箱货运站的业务

集装箱货运站是公路集装箱及其货物的集散地，是衔接铁路、水路、航空等各种运输方式的枢纽，是公路集装箱运输的主要场地。集装箱货运站具体可以承担以下几种业务。

(1) 承担港口、车站与货主间的集装箱运输与中转运输。

(2) 承担集装箱货物的拆箱、装箱、仓储。

(3) 承担空、重集装箱的装卸、堆存。

(4) 对集装箱进行检查、维修、清洗和消毒。

(5) 对运输车辆、装卸机械进行存放、检修和清洗。

(6) 为货主代办报关、报检等货运代理业务。

2) 集装箱货运站的主要组成

集装箱货运站主要由站房、拆装箱库和拆装箱作业区、集装箱堆场、停车场及生产辅助设施等组成。

(1) 站房。站房内主要布置业务办公用房，包括商务作业、生产调度、海关、检疫、理货、商检等部门，具体用房包括商务作业人员工作间和收发货人办理托运、提货手续的场所等。

(2) 拆装箱库和拆装箱作业区。拆装箱库和拆装箱作业区是指对拼装箱进行拆箱和装箱的作业场所。拆装箱库和拆装箱作业区包括仓库、作业平台和作业区等，其中仓库由货位、操作通道和作业仓门组成。

(3) 集装箱堆场。集装箱堆场是堆放集装箱的专用场所，由重、空箱堆放区和操作通道组成。

(4) 停车场及生产辅助设施。集装箱货运站的停车场及生产辅助设施，与零担货运站大致相同。

### 3.2.2 公路货运站的站级划分

公路货运站站级划分的主要依据是年换算货物吞吐量。货物吞吐量是指报告期内，货运站年发出与到达的货物数量，包括中转量、收量、发量的总和。汽车货运站换算货物吞吐量的计算公式为

$$Q_h = \sum_{i=1}^{n} \lambda_i Q_i \tag{3.1}$$

式中：$Q_h$——货运站换算货物吞吐量(t)；

$\quad\quad Q_i$——第 $i$ 种货物吞吐量(t)；

$\quad\quad \lambda_i$——第 $i$ 种货物吞吐量换算系数，见表3.3；

$\quad\quad n$——货物类别数。

表3.3 各类货物吞吐量换算系数

| 货物类别 $Q_i$ | | 换算系数 $\lambda_i$ |
|---|---|---|
| 快速货运货物 | | 1.3 |
| 零担货物 | | 1.25 |
| 集装箱拼箱货物 | | 1.25 |
| 其他货物 | 仓储 | 1 |
| | 配送 | +0.2 |
| | 包装 | +0.15～0.25 |
| | 半成品加工 | +0.2～0.25 |

依据年换算货物吞吐量分级对公路货运站进行站级划分，可以分为一级车站、二级车站、三级车站、四级车站。

(1) 一级车站，即年换算货物吞吐量在 $600 \times 10^3$t 及以上的货运站。

(2) 二级车站，即年换算货物吞吐量在 $300 \times 10^3$t～$600 \times 10^3$t 的货运站。

(3) 三级车站，即年换算货物吞吐量在 $150 \times 10^3$t～$300 \times 10^3$t 的货运站。

(4) 四级车站，即年换算货物吞吐量不足 $150 \times 10^3$t 的货运站。

### 3.2.3 公路货运站的平面布置

公路货运站建设需要注重合理布局，不断完善和设计各级货运站的布置方案，对促进客运站的进一步发展具有重要意义。

**1. 平面布置的基本原则**

公路货运站平面布置是建设货运站的重要组成部分，其主要任务是根据选址、工艺计算和特殊地形施工的要求，来设计建筑物、道路和绿化区的相互位置和比例关系，以达到经济合理的目的。平面布置应遵循如下具体原则。

(1) 应根据不同工作性质对货运站的各个组成部分进行合理分区和布局，并满足生产工艺要求，构建良好的生产联系，尤其是对仓库的布置，应注意其各个作业区的相互配合，以满足存储需求。

(2) 货运站内的车辆走行距离应尽量短，避免车流发生交叉和干扰，确保正常的秩序和运输安全。

(3) 在满足城建部门对货运站建设要求的前提下，应尽可能地为货主提供方便快捷的服务。

(4) 要经济合理地利用土地，并应留有发展余地。

**2. 货运站仓库的平面布置类型**

仓库是货运站生产作业的中心区，仓储是货运站生产作业的关键环节，下面主要介绍仓库的布置类型。

(1) 根据仓库的外形，可分为"一"字形仓库、"L"形仓库、"T"形仓库。

"一"字形仓库装卸作业比较便利，一般零担货运站多采用这种类型的仓库。"L"和"T"形仓库分区明确，集装箱货运站的拆装箱作业库房需要分设装箱库和拆箱库，所以拆装箱作业库房宜采用这两种类型的仓库。

(2) 根据仓库的高度，可分为平地式仓库、高台式仓库。

平地式仓库的地面与路面保持水平，而高台式仓库地面一般高出路面1.2～1.3m，与运输车辆车厢地板相平。集装箱货运站采用平地式仓库时，周围不可设置拆装箱平台；而采用高台式仓库时，为了拆装箱作业方便，应在侧面设置拆装箱作业平台。零担货运站采用平地式仓库时，可在仓库附近设置装卸站台，以便进行货物装卸作业；而新建的零担货运站宜采用高台式仓库，并应设置相应的作业平台，便于进行货物装卸和叉车作业。

(3) 根据仓库建筑层数，可分为单层仓库、双层仓库。

单层仓库是指平房式单层建筑的仓库，双层仓库是指具有双层结构的仓库。在建设双层仓库时，应考虑好所采取的备用措施，以防止由于停电或设备故障需要进行垂直运输。

# ⊕3.3 公路停车场

公路停车场是停放车辆的专用区域。妥善解决停车问题，不仅可以缓解城市交通拥堵，减少交通事故，还可以提高道路通行能力。对于汽车运输企业来说，对停车场进行合理设计，可以提高运输经济效益，保障运输安全。

## 3.3.1 停车场的分类、任务和要求

**1. 停车场的分类**

(1) 根据停放车辆性质的不同，可将停车场分为机动车停车场、非机动车停车场。

机动车停车场主要是指汽车停车场，又可分为小客车停车场、公共汽车停车场、货运汽车停车场、出租汽车停车场等。非机动车停车场包括各种类型的自行车和三轮车停车场。

(2) 按停放地点的不同，可将停车场分为路内停车场、路外停车场。

路内停车场是指在道路用地范围内划定的车辆停放的场所，包括车行道边缘、公路路肩、较宽的隔离带，或利用高架路、立交桥下的停车空间。此类停车场设置简单，使用方便，投资少，停车基本上不妨碍交通，多用于临时短时间停放，一般需设有标线、停车标志或隔离护栏。

路外停车场是指道路用地范围以外的专用停车场，一般包括停车场地、停车出入口通道、计时收费系统、各种停车管理设施及其他附属设施，例如地下停车库、地面停车库、停车楼、机械式立体停车场和各类大型公共建筑附设的停车场都属于这类停车场。停车楼和地下停车库都是为了节省城市用地而设置的停车场，其中地下停车库是近年来城市内普遍采用的停车场类型。机械式立体停车场是一种集成机、电、光的高科技停车场，是为了解决停车空间有限而采用的一种智能化停车方式。

(3) 按服务对象的不同，可分为公共停车场、专用停车场。

公用停车场，也称为社会停车场，又可分为三类：大型集散场所停车场、商业服务业停车场和生活居住区停车场。此类停车场主要位于大型公共建筑、商业文化街、公园及旅游区附近，并且连接道路，为各种社会车辆停放服务，也可设于城镇出入口附近，供入城、过境车辆临时停放。

专用停车场主要是指公司、事业单位、政府机构自用的内部停车场，以及公共交通、汽车运输公司等专用的车辆停车场。

(4) 按停放车辆容量的不同，可分为小型停车场、中型停车场、大型停车场。

通常把停放50辆汽车以下的停车场称为小型停车场，停放50～100辆汽车的停车场称为中型停车场，停放100辆以上的停车场称为大型停车场。

(5) 根据车辆保管方式的不同，可分为室内车库、暖式车库、棚室停车场和露天停车场4种。

室内车库可供车辆在室内停放，使车辆不受风、雨、雪等自然条件的侵害。暖式车库内的温度可保持在10℃～15℃之间，能保障车辆始终处于停车所需的最佳状态。棚室停车场可以使车辆免受雨雪侵袭，但不能防止风沙和寒气的影响，此类停车场适用于流动车辆的临时性停放。露天停车场则是在露天停放车辆，车辆会遭受各种自然条件的侵害，保管质量较差，目前我国汽车运输企业多采用此种类型的停车场。

**2. 停车场的任务**

(1) 保管和存放车辆，保持车辆的技术性能完好。

(2) 对于货运站停车场，停车场往往是综合性企业的车队所在地。

(3) 对于客运站停车场，不仅要做好客运车辆的保管存放工作，还要进行运营组织和管理工作。

(4) 客运站和货运站停车场都需负责车辆的简易技术维修、小修以及运行材料的供应等工作。

**3. 停车场的要求**

为了确保存储车辆的安全性和可靠性，停车场需要满足以下要求。

(1) 停车场应能使车辆保持良好的技术状态。

(2) 停车场应能保证车辆安全、平稳、方便、快捷地出入。

(3) 停车场需配备必要的消防设施，设置安全疏散通道和大门，以防发生火灾。

(4) 停车场应配备为停放车辆服务的技术服务设施。

(5) 在保证停车场合理运营的前提下，应尽量减少停车场的基建投资费用和日常运作费用。

## 3.3.2　停车场的车辆停发和停放方式

**1. 车辆停发方式**

车辆停发方式是指车辆驶入和驶出停车位置的方式，通常有以下几种方式：前进停车、后退发车，见图3.17(a)；后退停车、前进发车，见图3.17(b)；前进停车、前进发车，见图3.17(c)。其中，前两种方式属于尽头式停发，第三种方式属于贯通式停发。后退停车、前进发车方式发车迅速，所需通道面积小，便于车辆疏散，因此应用广泛；而前进停车、前进发车方式，虽然均以前进方式行驶，能够避免车辆停、发产生交叉，但因其占地面积较大，所以很少采用。

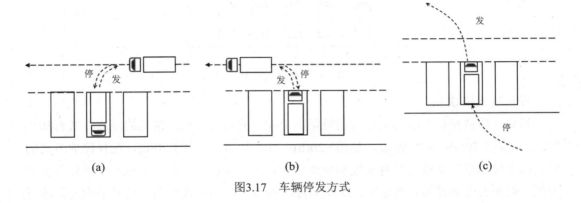

(a)　　　　　　　　　　(b)　　　　　　　　　　(c)

图3.17　车辆停发方式

### 2. 车辆停放方式

车辆停放方式是指车辆在停车场内的停放排列方式。根据车辆纵轴线与通道中心线的相对位置关系，划分为平行式停放、垂直式停放、斜置式停放。

#### 1) 平行式停放

平行式停放是指车辆平行于通道的方向停放，如图3.18所示。此种停放方式占用的停车区域较小，车辆驶出方便快捷，但单位面积停放的车辆数量少。此种方式适用于车型多、场地狭长的情况，以及沿道路一侧或两侧停车的情况。

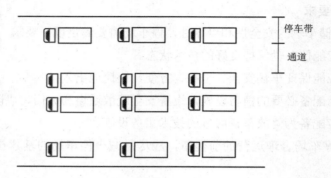

图3.18　平行式停车

#### 2) 垂直式停放

垂直式停放是指车辆垂直于通道的方向停放，如图3.19所示。此种停放方式比较紧凑，单位面积内停放的车辆数量较多，但需要较宽的调车通道。此种方式适用于场区整齐的情况，一般设置为两边停车，共用一条通道。

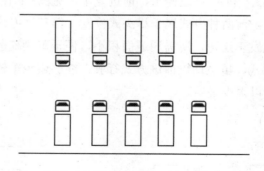

图3.19　垂直式停车

#### 3) 斜置式停放

斜置式停放是指车辆通常以与通道呈小于90°的角度停放。常见的停放方式有30°停放，见图3.20(a)；45°停放，见图3.20(b)；60°停放，见图3.20(c)。此种停放方式的特点在于停车带的宽度与车身长度和停放角度有关，车辆停放比较灵活，车辆驶入驶出方便。但因其受到通道宽度限制，车辆只能在通道内单向前进行驶，而且车辆前后的三角空隙区域不能有效利用，导致单位停车面积比垂直式停放大(尤其是30°停放)，所以此种方式适用于停车处宽度有限的情况。

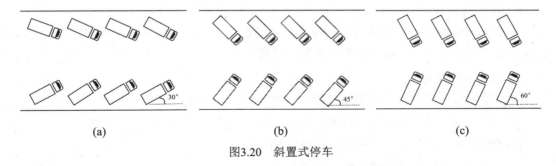

图3.20 斜置式停车

若采用斜角插入式停放，可以减少一部分空隙面积，有利于停车场地的有效利用，如图3.21所示。

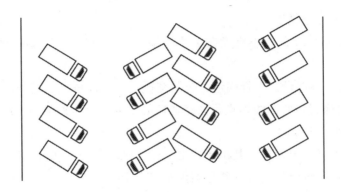

图3.21 斜角插入式停放

### 3.3.3 停车场的布置原则

停车场的布置主要取决于停车场的类型、车辆的停发停放方式、车辆的停放数量、房屋的结构和参数等，须遵循以下原则。

(1) 布置时应首先满足停放车辆的停放和作业要求，并尽可能将停车位布置在区域的可扩展侧，以便留有扩展余地。

(2) 停车场的行车线路、行车通道和相关辅助设施必须符合车站作业需求。

(3) 停车区域要能够有效地利用占地面积和行车通道，应根据具体情况尽可能将不同类型的车辆分区停放。

(4) 大、中型停车场车辆的出入口应分开设置，并且设置必要的行车方向和停车位置标识。尽可能保证车辆单向行驶，以防车流与其他流线发生干扰。

### 3.3.4 地面停车场的构成

#### 1. 出入口

地面停车场的出入口是停车场与外部道路的连接点、车辆出入的通道。停车场出入口处应做到视线通畅，并应使车辆方便地到达停车位。

1) 出入口的数量

停车位数量越多，出入的车辆就越多，出入口的数量也需相应增加。

(1) 50个停车位的停车场，可设置1个出入口。

(2) 50～300个停车位的停车场，应设置2个出入口。

(3) 大于300个停车位的停车场，出口和入口应分开设置。

(4) 大于500个停车位的停车场，应至少设置3个出入口。

2) 出入口的位置

出入口的设置应遵循以下原则。

(1) 停车场的出口和入口不宜设在主要道路上，可设在次要道路或分支道路上，并应远离交叉口。

(2) 出口和入口不得设在人行横道、公共交通站点以及桥隧引道处。

(3) 出入口的缘石转弯曲线切点距铁路道口的最外侧钢轨外缘的距离不应小于30m，距人行天桥不应小于50m。

(4) 若设置2个以上出入口，其出入口之间的净距不得小于10m。对于大于300个停车位的停车场，出入口应分开设置，并且间距不得小于20m。

#### 2. 通道

行车通道可以分为单车道和双车道。常见的有一侧通道一侧停车、中间通道两侧停车、两侧通道中间停车以及环形通道四周停车等多种布置。

#### 3. 停车位

停车位的大小和停车的车型有关，一般地面停车场的用地面积，每个标准停车位宜为25～30m²。停车楼和地下停车库的建筑面积，每个停车位宜为30～35m²。具体车型参数如表3.4所示。

表3.4 具体车型参数

| 车型 | 外廓尺寸/m | | |
|---|---|---|---|
| | 总长 | 总宽 | 总高 |
| 微型车 | 3.50 | 1.60 | 1.80 |
| 小型车 | 4.80 | 1.80 | 2.00 |
| 轻型车 | 7.00 | 2.10 | 2.60 |
| 中型车 | 9.00 | 2.50 | 3.20(4.00) |
| 大型客车 | 12.00 | 2.50 | 3.20 |

(续表)

| 车型 | 外廓尺寸/m | | |
|---|---|---|---|
| | 总长 | 总宽 | 总高 |
| 铰接客车 | 18.00 | 2.50 | 3.20 |
| 大型货车 | 10.00 | 2.50 | 4.00 |
| 铰接货车 | 16.50 | 2.50 | 4.00 |

## 【习　题】

1. 公路客运站的类型有哪几种?

2. 组织客运站工艺流线时,应满足哪些要求?

3. 站前广场包括哪几部分?

4. 客运站站台的布置方式有哪几种?

5. 零担货运站的特点是什么?

6. 公路货运站的平面布置原则是什么?

7. 车辆的停发和停放方式有哪些?

8. 停车场出入口的设计原则是什么?

# 第4章 水运港口

## 教学提示

本章介绍了水运港口的定义、分类、功能、基本组成等方面；具体介绍和分析了水运港口的水域设施以及陆域设施。其中，水域设施包括港池、航道、锚地、回旋水域、防波堤、口门以及导航设施，陆域设施包括码头、仓库、堆场与货棚、港口道路、港口铁路等。

## 学习目标

◇ 了解并掌握港口的定义、分类、功能、基本组成等；

◇ 掌握港口水域设施的设计方法和条件，包括港地、航道、锚地、回旋水域、防波堤、口门以及导航设施；

◇ 掌握码头、仓库、堆场与货棚、港口道路、港口铁路等港口陆域设施的设计要求和形式。

## 知识结构

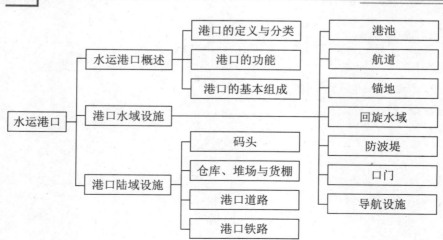

# 4.1 水运港口概述

　　水运港口是重要的交通基础设施，是实现外向型经济的窗口，历年来在国家经济发展中扮演着重要的角色，为国家经济建设和对外贸易的发展提供了基础性支撑。港口是海运和陆运的交接点，作为工业活动基地和综合物流中心，已成为城市发展的关键增长点，对社会经济发展具有促进效应。

## 4.1.1 港口的定义与分类

### 1. 港口的定义

　　港口是位于江、河、湖、海或水库沿岸，供船舶出入和停泊、货物和旅客集散的场所。港口具有旅客上下船、货物装卸、储存和驳运、船舶出入和停泊、船舶补给和修理、生活服务等功能，有界限明确的水域和陆域及相应的设备和条件。其中，水域提供航道、锚地、港池等设施条件，陆域提供码头、道路、仓库、通道、运输机械等设施条件。

### 2. 港口的分类

　　通常，根据港口之间存在的差异，可以对港口进行不同的分类。世界上大多数国家根据港口的用途、港口的地理位置、港口的自然条件以及港口的层次地位等方面对港口进行分类。

　　1) 按港口用途分类

　　(1) 商港。商港也称为贸易港口，是供商船往来停靠、办理客货运输业务的港口。商港作为商业港口，不仅要有适宜的自然条件，还需具备相对发达的经济，便利的运输条件，相对集中的工商业，以及海、陆、空联运的运输设施。世界著名的商业港口有上海港(见图4.1)、鹿特丹港、香港港和汉堡港。

图4.1 上海港

　　(2) 工业港。工业港也被称为业主码头，是供邻近的大型工矿企业直接运输原料、燃料和产品的港口。我国的上海宝钢码头(见图4.2)、武汉工业港等都属于此类型港口。

图4.2　上海宝钢码头

(3) 渔港。渔港是专门为渔船停泊、鱼货装卸和保鲜、冷藏加工、修补渔网、渔船生产及生活物资补给而设的港口。我国的渔港主要有舟山渔港(见图4.3)和大连渔港。

图4.3　舟山渔港

(4) 军港。军港是指为军事活动而建立的港口，一般是为军用舰艇的停泊、补给、避风而设的专用港口。我国有三大海军军港，也就是通常所说的海军基地，分别是大连的旅顺港、舟山的定海港、湛江的湛江港。

(5) 避风港。避风港是为所有类型的船舶设计的特殊港口。当船舶突然在海洋和河流中遇到风暴并处于危险之中时，可以在此港口躲避风暴。例如，琉球群岛的奄美大岛港。

2) 按港口位置分类

(1) 海港。海港是指沿海岸线(包括岛屿海岸线)设计的港口。我国的海港主要有大连港、青岛港、秦皇岛港等。

(2) 内河港。内河港是指沿海港口以外的河流、湖泊、水库等水域内的港口。典型的内河港口有我国的重庆港和德国的汉堡港。

(3) 河口港。河口港指的是位于入海河流河口段，或河流下游潮区界内的港口。河口港所处区域通常经济发达，交通便利。因此，河口港通常是世界上重要的国际贸易港口。典型的河口港有我国的上海港和荷兰的鹿特丹港。

(4) 水库港。水库港指位于运河上的港口。如我国的徐州港、扬州港和万寨港都属于此类港口。

3) 按港口所在地自然条件分类

(1) 天然港。天然港是自然形成的，具有船舶停泊所必需的避风条件，具有足够的水域面积和水深，并具有适合锚泊的底质。如中国的大连港、香港港，美国的旧金山港和日本的东京港等。

(2) 人工港。人工港是指经人工建筑防波堤，并开挖航道和港池而修建的港口。如中国的天津港和法国的勒阿弗尔港等。

4) 按港口层次地位分类

(1) 航运中心港。航运中心港是港口高度集约化的产物，通常是集装箱枢纽港。此类港口所处区域一般经济贸易发达，有广阔的经济腹地，并有很多通往国内外主要港口的固定航线。

(2) 主枢纽港。主枢纽港通常位于综合航运干线的交会处，与其他交通方式衔接良好，是国内客、货大型集散中心。此类港口有优越的地理位置、充足的货物供应，还有众多固定的航线，其设备先进、功能齐全、辐射范围广。

(3) 地区性枢纽港。地区性枢纽港通常作为某个地区的枢纽港口和客、货集散中心，其地理位置也相对优越，航线数量较多，有较先进的服务设施和设备。

(4) 地区性重要港口。地区性重要港口依托本地区的重要城市，是在该地区发挥重要作用的港口，其陆运条件良好，对周边地区有一定的辐射作用。

(5) 其他中小港口。除了上述港口外，还有大量的中小型港口。作为沿海地区交通基础设施的一部分，此类港口不仅促进了沿海地区的经济发展，同时为沿海港口布局提供了重要补充。

---

**知识窗**

## 中国十大港口

1. 营口港

营口港由营口港区、鲅鱼圈港区共同组成，对外开埠距今已有140多年的历史，曾是我国东北地区唯一的通商口岸，以"东方之贸易良港"闻名中外。

2. 天津港

天津港地处渤海湾西端，位于海河下游及其入海口处，是环渤海地区与华北、西北等内陆地区距离最近的港口，是首都北京的海上门户，也是亚欧大陆桥的东端起点。

### 3. 上海港

上海港位于长江三角洲前缘,是我国沿海的主要枢纽港,也是我国对外开放、参与国际经济大循环的重要口岸。

### 4. 广州港

广州港地处我国外向型经济最活跃的珠江三角洲地区中心。港区分为虎门港区、新沙港区、黄埔港区和广州内港港区。

### 5. 宁波港

宁波港是我国主要的集装箱、矿石、原油、液体化工中转储存基地,也是华东地区主要的煤炭、粮食等散杂货中转和储存基地。

### 6. 深圳港

深圳港位于广东省珠江三角洲南部,珠江入海口伶仃洋东岸,毗邻香港,是我国华南地区优良的天然港湾。

### 7. 大连港

大连港位于西北太平洋中枢,是转运远东、南亚、北美、欧洲货物最便捷的港口。海上运输已开辟到中国香港、日本、东南亚、欧洲等国际集装箱航线8条。

### 8. 青岛港

青岛港是我国特大型港口,由青岛老港区、黄岛油港区、前湾新港区三大港区组成。青岛港与世界上130多个国家和地区的450多个港口有贸易往来,是太平洋西海岸重要的国际贸易口岸和海上运输枢纽。

### 9. 舟山港

舟山港位于浙江省舟山市,背靠经济发达的长江三角洲,是江浙和长江流域诸省的海上门户。港口具有丰富的深水岸线资源和优越的建港自然条件。

### 10. 秦皇岛港

位于渤海岸的秦皇岛港是我国北方的一座天然良港,以能源输出闻名于世。

数据来源:中国十大港口[EB/OL]. https://www.sohu.com/a/221955201_100027914.

## 4.1.2 港口的功能

港口是重要的运输枢纽,世界上各大发达国家一般都有自己的海岸线和较为完善的港口。随着经济的快速发展和科学水平的提高,对港口的要求越来越高,港口的功能也不断延伸,总的来说,港口功能主要体现在以下5个方面。

### 1. 基本运营功能

港口可以提供货物装卸、搬运、储存、保管、分拨、配送等功能,也能提供旅客候船、售票、上下船服务，这些都是港口的基本运营功能。

**2. 商业功能**

作为大量车、船、人流的聚集地，港口既成为商品交流和内外贸易存在的前提，又促进了它们的发展，港口可以为用户提供方便的运输、商贸和金融服务，如货代、船代、保险、融资、通关等。

**3. 产业功能**

港口作为国内市场与国际市场的接轨点，在港区附近建立了众多加工厂或装配厂，进行产品的加工制造，然后通过港口运往国际各地营销，港口已经成为货物、资金、技术、人才、信息的聚集地。

**4. 物流服务功能**

港口可以充分发挥节点功能，为水路、铁路、航空等多种运输方式提供货物的装卸、中转、仓储等综合物流服务功能，尤其是提供多式联运和流通加工等物流服务。目前，越来越多的港口正在向现代物流中心发展。

**5. 信息服务功能**

港口是旅客和货物的集散地，也是各种信息的汇集中心，尤其是现代港口，搭建了各种信息服务平台，不仅可以为用户提供航线查询、车辆调度、货物跟踪、订单管理、作业统计、供应链控制等服务，还能为用户提供用于市场决策的信息及咨询服务。

## 4.1.3　港口的基本组成

港口是由水域、陆域和港口腹地三部分组成的。

**1. 水域**

水域是与船舶进出港、停靠及港口作业相关的水上区域，其主要设施包括航道、港池、锚地、船舶掉头水域、防护建筑物及导航、助航标志设施等。

(1) 航道。航道是在江、河、湖、海等水域中，为船舶航行规定或设置(包括建设)的通道，如图4.4所示。

图4.4　航道

(2) 港池。港池是港口内供船舶停泊、作业、驶离和转头操作的水域，如图4.5所示。

图4.5 港池

(3) 锚地。锚地是船舶在水上抛锚以便安全停泊、避风防台、等待检验引航、从事水上过驳(在锚地、系泊浮筒、码头进行货船与驳船之间的货物装换作业)、编解船队及其他作业的水域，如图4.6所示。

图4.6 锚地

(4) 船舶掉头水域。船舶掉头水域又称回旋水域，是为船舶在靠离码头、进出港口需要掉头或改换航向而专设的水域。

(5) 防护建筑物及导航。防护建筑物及导航是指进出港船舶的导航设施，如航标(见图4.7)、港区护岸。其中，导航主要为船舶进出港口提供标志或导航信息，以确保航行安全。

图4.7 航标

(6) 助航标志设施。助航标志设施是指供船舶确定方位、航向，避离危险，使船舶沿航道或预定航线安全航行的助航设施，如特定的标志、灯光、音响或无线电信号等。

### 2. 陆域

陆域是专门从事与港口功能相关服务的陆上区域，主要提供港口生产设施、港口生产辅助设施及信息控制系统、港口生产服务场所、其他设施等。

(1) 港口生产设施。港口生产设施是指保证港口完成基本运营功能而必须具备的设施，如码头、仓库、堆场、铁路、公路、港口道路、装卸机械和运输机械。其中，码头是指海边、江河边专供轮船或渡船停泊，方便乘客上下、货物装卸的建筑物，如图4.8所示。仓库是用于临时或短期存放保管通过港口的货物的建筑物，如图4.9所示。堆场是在港区内堆存货物的露天场地，如图4.10所示。铁路、公路、港口道路用于港口交通和货物运输。港口装卸机械可分为起重机械、输送机械和装卸搬运机械三种基本类型。

(2) 港口生产辅助设施及信息控制系统。生产辅助设施及信息控制系统是指为维护港口的正常生产秩序，保证各项工作顺利进行而配备的一些辅助设施，如给排水系统、供电照明系统和通信导航系统。

(3) 港口生产服务场所。港口生产服务场所是指为生产提供直接服务的场所，包括办公室用房、候工室、机械室、工具库及维修车间、燃料供应站、船舶修理站、工作船基地、港口设施维修基地等。

图4.8　码头

图4.9　仓库

图4.10 堆场

(4) 其他设施。港口的其他设施包括生活设施、服务设施、环保设施、文化与教育设施以及为满足现代物流服务的相关设施等。

**3. 港口腹地**

港口腹地是指港口货物吞吐和旅客集散所涉及的地区范围，它可以分为陆向腹地和海向腹地。

(1) 陆向腹地。陆向腹地是以某种运输方式与港口相连，为港口产生货源或消耗港口进口货物的地域范围。

(2) 海向腹地。海向腹地是通过海运船舶与某海港相连接的其他国家或地区。

**知识窗**

### 宁波港及其腹地

宁波港位于我国大陆海岸线中部，南北和长江"T"形结构的交会点，位置适中，可以等距离地辐射全国，对内连接河、海各个港口，对外面向东南亚及环太平洋地区。港区内水深、顺流、风浪小，有利于25万～30万吨的船舶进出港。在大型船舶集散和远洋运输方面，宁波港也独具一格，具有优势。得天独厚的区位优势使得宁波港在我国对外贸易运输中担任着重要的角色。

1. 宁波港的港口腹地

宁波港的直接港口腹地为宁波市和浙江省。随着交通线路的发展，港口腹地间接地拓展到安徽省、江西省和湖南省等，长江中下游部分地区也是宁波港的间接腹地范围。这些港口腹地自然条件优越，资源丰富，客源和货源充足，交通便捷，城市密集，工农业生产发达，作为全国较富裕的地区之一，为宁波港的发展奠定了坚实的物质基础。

2. 宁波港港口腹地和宁波港的相互影响

港口与港口腹地相互联系、相互影响，腹地是港口生存和发展的保障，港口的发展也会促进腹地经济的发展，如此循环往复。宁波港的发展历程验证了"以港兴市，以市促港"的指导思想。

改革开放以后，宁波港的腹地实现了以浙江省为主，辐射长三角地区乃至全国的转变，宁波港实现了从内核港向河口港和海港的跨越。

宁波港的经济腹地为宁波港的发展奠定了基础。随着经济的发展，我国举步迈向现代化，积极参与国际竞争，抓住机遇，迎接挑战，实现了跨越式发展。同时，宁波港港口腹地的发展，经济结构和产业结构的优化升级，为宁波港的发展提供了物质基础，包括资金、劳动力、客源、货源、信息流等。宁波港的货运也从单一转变为多样化，宁波港的吞吐量大幅增加。

宁波港的发展带动了宁波港港口腹地经济的发展。宁波港良好的港口区位条件以及政府的支持和推动，进一步优化了港口腹地的区位条件，为腹地的经济发展提供了动力。港口的发展完善了腹地的交通网络和基础设施。在远洋运输中，无可比拟的优势为腹地国际贸易的开展提供了基础和区位支持。在政府和人民的努力下，宁波港不断提高管理水平，转变管理理念，进一步密切了港口与腹地之间的联系，完善了双方的通达性，有效促进腹地产业结构的优化升级，为腹地的持续稳定发展提供了永动力。

## ⊕4.2 港口水域设施

港口水域设施包括港池、航道、锚地、回旋水域、防波堤、口门以及导航设施等，如图4.11所示。合理布置水域设施有利于水上作业系统的有效运作。

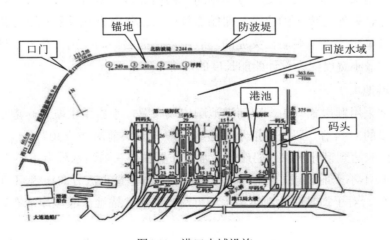

图4.11 港口水域设施

## 4.2.1 港池

广义的港池包括码头前沿水域、船舶回旋水域、港内锚地等。码头前沿水域是供船舶靠泊码头、货物装卸和旅客上下用的水域。船舶回旋水域是供船舶靠离码头以前或以后需要回转用的水域。港内锚地是供船舶进行水上船转船的货物装卸作业(也称过驳作业)、避风停泊和等候靠泊码头的水域。河港的港内锚地还可供船队编解作业使用。港池有时也可狭义地理解为码头前沿水域或突堤式码头间的水域。港池在海港和河港中的布置方式是不同的。

**1. 海港港池**

海港港池按口门布置分为开口式和闭合式两种。其中,开口式港池较多,通常只有一个口门,但为了便利船舶进出,减少泥沙淤积,根据具体情况,也可布置两个口门。口门方向和宽度根据港口所在地区的风向、波浪、潮流、冰凌(如在冰冻地区)等情况和船舶尺度、航行密度、单行或双行等条件确定。在潮差较大的地区,为降低潮差影响,降低码头高度和港池深度,节省造价,多在港池口门处设一船闸,形成闭合式港池。港内锚地一般布置在港池前方靠近口门处。船舶转头水域位于港内锚地和码头前沿水域之间。

港池面积,特别是人工掩护的港池和人工开挖的港池的面积,应根据使用要求和发展趋势确定。船舶可在港池内自航转头,船舶回旋水域的半径为船长1.5~2倍,当用拖船协助时半径为船长1倍。如果利用码头上的带缆桩抛锚或采用拖船协助转头,回旋水域半径还可适当减小。港池自口门至码头前沿应有一定的距离,以保证船舶驶入口门后减速到接近静止状态,安全靠泊码头,并使进入口门的波浪逐渐扩散,波能基本消失,以免在码头岸壁前形成立波,影响系泊稳定。波浪消散所需距离可通过模型试验确定。

海港多采用突堤码头或突堤和顺岸相结合的码头,以节省岸线长度。两突堤间的水域宽度根据设计船舶尺度、泊位数、船舶靠离码头的作业方式以及在同一泊位上并列靠泊的船舶数目确定。大型船舶在突堤间一般由港作拖船协助靠离码头,在这种情况下,突堤间水域的最小宽度约为设计船舶长度的1.2倍。

**2. 河港港池**

河港通常采用顺岸式码头,因而港池顺岸线布置,不占用主航道。港池宽度一般为设计船舶宽度的3~4倍。码头前沿水域边缘一般与码头前沿线成30°~45°交角向外扩展,扩展部分应达到设计水深。船舶转头水域布置在码头前沿水域上下游端,其长度(顺水流方向)一般不小于船长或船队总长的2.5倍;宽度(垂直水流方向)一般不小于船长或船队总长的1.5倍。对于拖带船队,转头水域可适当缩小。锚地一般顺岸线布置在码头上游或下游。

## 4.2.2　航道

航道是港口为船舶安全航行提供的一条特定的航行线路。多数情况下，近海自然水深不能满足船舶吃水要求，需要经人工开挖形成航道。航道位置可以随河床演变或水位变动而随时移动，航道尺度也可以随季节与水位变化以及治理工程的实施而有所调整。

### 1. 航道分类

因为江河湖泊众多，海岸线漫长，航道的位置、性质、形成原因不同，所以航道有多种分类。

1) 按航道形成原因分类

(1) 天然航道。天然航道是指自然形成的江、河、湖、海等水域中的航道，包括水网地区在原有较小通道上拓宽加深的那一部分航道。

(2) 人工航道。人工航道是指在陆地上人工开发的航道，包括人工开辟或开凿的运河和其他通航渠道，如平原地区开挖的运河，山区、丘陵地区开凿的用于沟通水系的越岭运河，可供船舶航行的排、灌渠道或其他输水渠道等。

2) 按使用性质分类

(1) 专用航道。专用航道是指由军事、水利、电力、林业、水产等部门以及其他企业事业单位自行建设、使用的航道。

(2) 公用航道。公用航道是指由国家各级政府部门建设和维护、供社会使用的航道。

3) 按所处地域分类

(1) 内河航道。内河航道是河流、湖泊、水库内的航道以及运河和通航渠道的总称。其中，天然的内河航道又可分为山区航道、平原航道、潮汐河口航道和湖区航道等，湖区航道又可进一步分为湖泊航道、河湖航道和滨湖航道。

(2) 沿海航道。沿海航道原则上是指位于海岸线附近，具有一定边界，可供海船航行的航道。

### 2. 航道选线原则

航道选线是港口航道设计的关键，选择航道轴线应考虑地质条件、当地水文气象条件，遵循以下几项原则。

(1) 航道轴线应避免与强风或频率较高的风成大交角。

(2) 航道轴线应避免与流速大于1kn(1kn=1.852km/h=0.514m/s)的水流呈大交角。

(3) 航道轴线应尽量保持顺直，避免呈"S"形航路。

(4) 防波堤口门外的航道应满足船舶制动的要求，尽可能处于直线段。

(5) 应防止航道在波浪和潮流的作用下产生回淤。

### 3. 航道参数计算

1) 航道宽度计算

航道宽度简称航宽，是指垂直于航道中心线的航道两边线之间的水平距离。就局部

区段而言，通常指航道最窄处的水平距离。双向航道宽度取值计算公式为

$$W = 2a + b + 2c \qquad (4.1)$$

式中：$a$——航迹带宽度，一般为 $2\sim4.5B$（$B$为设计船型宽度，根据表4.1可以查不同船型的设计船宽）；

$b$——船舶间富裕宽度，一般取值为$B$；

$c$——船舶与航道侧壁间富裕宽度，根据表4.2确定数值。

表4.1 设计船型尺度

| 船型 | 船型吨级 DWT/t | 船长/m | 船宽/m | 船深/m | 满载吃水/m |
|---|---|---|---|---|---|
| 散货船 | 20 000 | 164 | 25 | 13.5 | 9.8 |
| 杂货船 | 20 000 | 166 | 25.2 | 14.1 | 10.1 |
| 散货船 | 35 000 | 190 | 30.4 | 15.8 | 11.2 |
| 散货船 | 2000 | 78 | 14.3 | 6.2 | 5 |
| 散货船 | 5000 | 115 | 18.8 | 9 | 7 |

表4.2 船型与船速

| 船种 | 杂货船、集装箱船 | | 散货船 | | 油船或其他危险品船 | |
|---|---|---|---|---|---|---|
| 船速/kn | ≤6 | >6 | ≤6 | >6 | ≤6 | >6 |
| $c$/m | 0.5B | 0.75B | 0.75B | B | B | 1.5B |

一般情况下，典型的双向航道宽度约为$8B$，即8倍的船宽。

单向航道宽度取值计算公式为

$$W = a + 2c \qquad (4.2)$$

典型的双单向航道宽度一般约为$5B$，即5倍的船宽，但在航道转弯处需要加宽航道宽度。

2) 航道水深计算

航道水深是指航道范围内从水面到底部的垂直距离。就局部区段而言，通常指航道内最浅处从水面到底部的垂直距离。航道水深计算公式为

$$D = T + Z_0 + Z_1 + Z_2 + Z_3 + Z_4 \qquad (4.3)$$

式中：$D$——航道设计水深(m)；

$T$——设计船型满载吃水(m)，根据表4.1可以确定其值；

$Z_0$——船舶航行时船体的下沉值(m)，该值与船舶吨级、船舶航速有关；

$Z_1$——航行时龙骨下的最小富裕深度(m)，该值除了考虑土壤类别外，还应考虑船舶吨级，数值参考表4.3；

$Z_2$——考虑装载纵倾富裕深度的波浪富裕深度(m)，对于杂货船和集装箱船此值可以忽略不计，对于油船和散货船此值取0.15m；

$Z_3$——船舶因配载不均而增加的船尾吃水(m)；

$Z_4$——备淤深度(m)，该值应根据两次挖泥间隔期的淤泥量确定，不宜小于0.4m。

**表4.3 航行时龙骨下的最小富裕深度**

| 土质 | 船舶吨级 | | | | |
|---|---|---|---|---|---|
| | DWT＜5000 | 5000≤DWT ＜10 000 | 10 000≤DWT ＜50 000 | 50 000≤DWT ＜100 000 | 100 000≤DWT ＜300 000 |
| 淤泥土 | 0.2 | 0.2 | 0.3 | 0.4 | 0.4 |
| 含淤泥的沙、含黏土的 沙和松沙 | 0.3 | 0.3 | 0.4 | 0.5 | 0.6 |
| 含沙或含黏土的块状土 | 0.4 | 0.4 | 0.5 | 0.6 | 0.6 |
| 岩石土 | 0.5 | 0.6 | 0.6 | 0.8 | 0.8 |

## 4.2.3 锚地

锚地是专供船舶(船队)在水上停泊或进行各种作业的水域。锚地也要求有足够的水深，使抛锚船舶即使在较大风浪所引起的升沉与摇摆情况下仍有足够的富裕水深。

**1. 锚地分类**

港口锚地根据位置、功能不同，可分为不同的类型。

1) 按照位置分类

(1) 港外锚地。港外锚地是供船舶候潮、待泊、联检及避风使用的锚地。

(2) 港内锚地。港内锚地是供船舶待泊或水上装卸作业使用的锚地。

2) 按照功能分类

(1) 装卸锚地。装卸锚地是供船舶在水上进行过驳作业的锚地。

(2) 停泊锚地。停泊锚地包括到离港锚地，是供船舶等待靠码头、候潮和编解队(河港)等使用的锚地。

(3) 避风锚地。避风锚地是供船舶躲避风浪的锚地。

(4) 引水锚地。引水锚地也称引航锚地，是在通海航道规定的引船区域较为方便的地方，或在进港起点和出港终点设置的供外籍船舶等候引船员上下时的锚泊的水域，或引航船舶锚泊的水域。

(5) 检疫锚地。检疫锚地是为外籍船舶到港后进行卫生检疫的锚地，有时也和引水、海关签证等公用。

**2. 锚地停泊方式**

锚地停泊是指船舶利用锚或浮筒在锚地安全停泊。锚地停泊的方式有两种，即抛锚停泊和浮筒系泊。船舶在锚地采用何种方式停泊取决于锚地设备条件、底质、风和水流的方向。

1) 抛锚停泊

抛锚停泊通常指通过用锚来固定船舶使其停在锚地。锚是铁制的停船器具，如

图4.12所示,用铁链连在船上,把锚抛在水底,可以使船停稳。抛锚停泊一般分单锚停泊和多锚停泊等。

图4.12 锚

2) 浮筒系泊

浮筒系泊是指利用水上供系船用的浮筒,将船用系带缆的方式靠泊在码头。浮筒是指漂浮在水面上的密闭金属筒,下部用铁锚固定,用来系船或做航标,如图4.13所示。浮筒系泊又分为单浮筒系泊和双浮筒系泊两种。

图4.13 浮筒

**3. 锚地布置要求**

锚地用于待泊或水上装卸作业时,选择锚地位置应注意以下问题。

(1) 为了避免影响船舶的航行,港外锚地边缘距离航道边线不应小于2~3倍船长。

(2) 港外锚地水深不应小于船舶满载吃水的1.2倍。

(3) 锚地底质以软硬适度的亚砂土和亚黏土较好,其次是淤泥质沙土。

(4) 应尽量避免在横流较大地区设置双浮筒锚地。

## 4.2.4 回旋水域

回旋水域又称转头水域,一般可以与港内航行水域合并在一起布置,设置在方便船舶靠离码头或进出港的地点。它的大小与船舶尺度、转头方式、水流和风速、风向有关,与航行水域公用并具有相同的水深。船舶在回转水域掉头时,轨迹可呈圆形,其内接圆直径如图4.14所示。船舶凭借拖轮协助进行转头时，旋转内接圆直径一般为最大船舶总长度。船舶自行转头时，直径一般不小于船在流水区转头(如内河)，其回转轨迹呈椭圆形，长径随流速大小而不同。在水文气象条件恶劣地区，上述尺度还要增加，考虑风、浪、流以及港作拖船配备、定位标志等因素的影响，一般为3倍船长，集装箱船的回旋水域直径为6～8倍的船长。

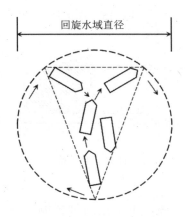

图4.14　回旋水域内接圆直径

在海港和河口港，回旋水域的最小水深一般按大型船舶乘潮进出港口的情况考虑；在内河港，最小水深一般不大于航道控制段最小通航水深。

## 4.2.5　防波堤

防波堤是用来抵御港外波浪侵袭，兼顾防沙减淤的外海水工建筑物。一般布置在港内水域的外围，保证港内水面平稳并具有足够的水深，使船舶能安全进出港口和进行装卸作业与停泊，有时兼防泥沙、水流及冰凌对港口和进港航道的侵袭。防波堤除了受到风浪、水流、泥沙、地形地质条件等因素的影响，还要考虑船舶的航行、泊稳等要求，跟施工条件和投资限制也有一定的关系。

**1. 防波堤类型**

下面介绍几种常见的防波堤类型。

1) 斜坡堤

斜坡堤是一种古老而又经常被采用的结构形式，如图4.15所示，常用天然的块石、人工混凝土方块或异形块体作为斜面护面，来缓冲波浪带来的水压力。

2) 直墙堤

直墙堤常采用钢筋混凝土沉箱或混凝土巨块构筑作为直墙来反射波浪，波浪较小时可采用木笼，近年来也有采用大型管柱排列的结构，如图4.16所示。

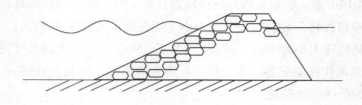

图4.15 斜坡堤

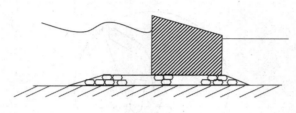

图4.16 直墙堤

3) 混成堤

混成堤是上部为混凝土直墙，下部用斜坡式抛石突基床混合组成的防波堤，如图4.17所示。在满足地基承载力的前提下，应尽量采用较低的突基床。但在破波条件下，应尽量采用较高的突基床，使波浪破碎在突基床上，不直接冲击直墙。

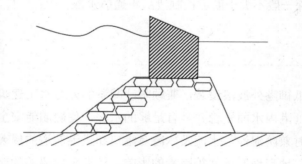

图4.17 混成堤

**2. 防波堤轴线布置**

防波堤轴线布置要满足以下几个要求。

(1) 防波堤轴线布置应能促使港内水域扩散，使进入口门的波浪很快扩散，使波高迅速降低。这样布置轴线也有利于在口门附近布置方便船舶航行的调头圆。

(2) 防波堤轴线转弯时，折角处应根据结构使其尽量圆滑或采用折线型连接，折角 $\theta$ 宜在120°～180°之间，防波堤转弯折角结构如图4.18所示。

(3) 防波堤的堤高应沿纵轴线，按水深、地质、波浪条件分段设计。

(4) 布置防波堤轴线时，要注意小范围内地质条件的变化，有时轴线稍加移动，可节省大量的地基处理费用。

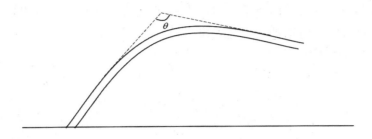

图4.18 防波堤转弯折角

## 4.2.6 口门

口门是指在有防波堤掩护的港口，防波堤头(或与天然屏障)之间的港内航道开始处。它的位置、方向、宽度要满足船舶安全通航和港内水域泊稳要求，并应尽量减少港内淤积。口门布置有以下几个要点。

(1) 口门应尽可能位于防波堤突出海中最远、水深最大的地方，以方便船舶出入。在沙质海岸，口门宜布置在泥沙完全移动临界水深之外，以减少口门外泥沙进港和口门淤积。在淤泥质海岸，泥沙在波浪作用下以悬移形态运移，水深越大，含沙量越小。口门宜布置在远离破碎带、含沙量小的深水处。

(2) 从口门至码头泊位，一般宜有大于4倍船长的直线航行水域和3倍船长的调头圆，以便于船舶进入口门后控制航向、减慢航速、与拖船配合完成转头等操作。布置直线航行水域有困难时，亦可布置在半径大于3~4倍船长的曲线上。

(3) 口门方向力求避免出现大于7级的横风、大于0.8kn的横流、船尾直向强风(即从船尾方向吹来)和波高大于2.5~3.0m的尾追浪，以使操舵稳定。一般来说，船舶进口门航向与频率较大的强风强浪夹角宜为30°~60°。

(4) 口门的布置还应使从口门进入的波能尽可能小，以维护水域泊稳要求。

(5) 船舶在通过口门时一般不考虑错船或超越。口门宽度在任何情况下不宜小于设计船长，并应认真研究和预测本港最大船型的船长要求。

(6) 当潮差较大、港内水域面积宽阔、防波堤采用不透水结构时，应该验算通过口门的涨落潮速度，流速一般不应大于2.5~3kn。

(7) 口门数量与航行密度、港口性质、环境条件等因素有关，在满足泊稳要求的条件下，两个口门一般比一个好。两个口门便于大小船分开进出港区，也适宜不同风浪向进出或不同性质船舶(商港、渔港等)分开进出等，可增加运行的灵活性。两个口门也有利于环保，增强港内水域的水体交换和自净能力，但在泥沙活跃的海岸，则需做具体分析。在船舶周转量大的港口，要核算一下口门的通过能力。

正确的口门设置如图4.19所示。口门方向与大风方向夹角 $\alpha$ 为30°～60°，将防波堤位置由1改为2时，将遮挡一半进入口门的波能，若移到3的位置，将遮挡全部的波能，但建设费用有所增加。

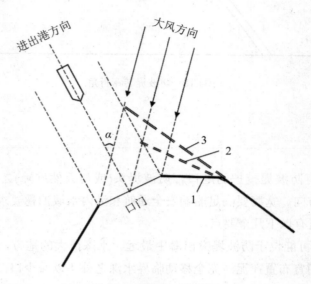

图4.19　正确的口门设置

失败的口门设置如图4.20所示，口门处水深小于沙的完全移动临界水深，口门方向又与该地区北向和东北向的强风一致，因此波浪掀起的泥沙从口门搬运到港内，进港的波浪又直接冲击口门的东岸，将泥沙推向西部停泊区，形成了东部冲刷、西部淤积的情况。

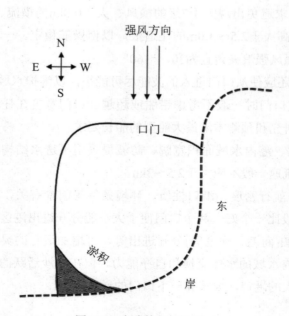

图4.20　失败的口门设置

## 4.2.7　导航设施

港口导航设施主要指为确保船舶进出港口航行安全提供的标志或导航信息。导航设施主要分为常规导航设施、电子导航设施和卫星导航系统。

**1. 常规导航设施**

常规导航设施又称航标，航标类型多样，主要包括浮标、导标、灯塔、灯标以及灯船。

(1) 浮标。浮标是指漂浮于水面上的标志，用锚固定在需要的位置，用来标示航道和港口水域通航部分的外廓线，如图4.21所示。

图4.21　浮标

(2) 导标。导标设在岸上塔架结构上，以引导船舶安全地通过狭窄、危险或曲折的航道和港口口门，如图4.22所示。

图4.22　导标

(3) 灯塔。灯塔是高塔形建筑物，在塔顶装设灯光设备，位置显要，引导远处船舶接近港口，或指示礁石、浅滩等危及航行的障碍物，如图4.23所示。

图4.23　灯塔

(4) 灯标。灯标设置于防波堤堤头、码头、系船墩和其他突出于航行水域的建筑物上，用来表明这些建筑物的外轮廓边界，如图4.24所示。

图4.24　灯标

(5) 灯船。灯船和灯塔的作用基本相同，设置在难以建立灯塔的地点，如图4.25所示。

图4.25　灯船

### 2. 电子导航设施

电子导航设施通常指船舶通航服务站，它利用岸上雷达系统测定水上船舶的位置，用甚高频无线电话(见图4.26)与船舶进行近距离通信，提供导航信息，如驾驶台对驾驶台的通信和救助现场的通信。

图4.26　岸边甚高频无线电话

### 3. 卫星导航系统

卫星导航系统在陆上和船上分别设有接收和发射装置，利用人造卫星传递导航信息。

## →4.3　港口陆域设施

港口陆域是指港界线以内的陆域面积，一般包括港口的生产作业地带和辅助生产作业地带，并应留有一定的发展余地。港口陆域设施的主要任务是根据港口生产活动的各个环节，合理安排陆域的装卸作业区、辅助生产作业区、铁路、公路等，并要合理确定陆域规模。本节主要介绍港口陆域生产设施：码头，仓库、堆场与货棚，港口道路，港口铁路。

### 4.3.1　码头

#### 1. 码头平面布置

码头平面布置受自然条件、船舶作业、陆上货物集疏运、存储等营运条件影响，常见的布置类型有5种：顺岸式布置、突堤式布置、挖入式布置、防波堤内侧布置和岛式或开敞式布置。

1) 顺岸式布置

顺岸式布置是指码头前沿线大体上与自然岸线平行或成较小角度，如图4.27所示。顺岸式布置有较大的陆域面积，便于布置仓库、堆场，对原有的水流形态影响小，广泛应用于河港或河口港。

图4.27　顺岸式布置

2) 突堤式布置

突堤式布置的码头前沿线与自然岸线成较大角度，如图4.28所示。此种布置占用自然岸线少，港区布置紧凑，易于管理，用于掩护的防波堤较短，广泛应用于海港。

图4.28　突堤式布置

3) 挖入式布置

挖入式布置向岸侧开挖港池和航道，港池深入到陆域内，如图4.29所示。此种布置可以适应特殊地形，但需要考虑开挖与回填的工程量对比。

图4.29　挖入式布置

4) 防波堤内侧布置

这种布置方式将防波堤与码头布置在一起，一般将码头布置在堤根处，如图4.30所示。此种布置节省工程造价，适合布置不会因溅浪而影响货物质量的堆场。

图4.30　防波堤内侧布置

5) 岛式或开敞式布置

岛式或开敞式布置的码头布置在离岸较远的深水区，一般为开敞式，不需设防波堤，如图4.31所示。此种布置节省工程费用，适用于布置大宗矿石码头、煤码头或油码头。

图4.31　岛式或开敞式布置

**2. 码头泊位尺度计算**

码头泊位尺度是指一艘设计船型停靠码头时所占用的空间，包括泊位长度、泊位宽度和泊位水深3个参数。

1) 泊位长度

泊位长度是指设计船型所占用的码头岸线长度。单个泊位长度计算公式为

$$L_b = L + 2d \tag{4.4}$$

式中：$L_b$——泊位长度(m)；

$L$——设计船型长度(m)，根据表4.1可以确定数值；

$d$——泊位富裕长度(m)，根据表4.4可以确定数值。

表4.4　不同船长对应的富裕长度

| 设计船型长度/m | $L \leqslant 40$ | $40 < L \leqslant 85$ | $85 < L \leqslant 150$ | $150 < L \leqslant 200$ | $200 < L \leqslant 230$ | $L > 230$ |
|---|---|---|---|---|---|---|
| 泊位富裕长度/m | 5 | 8~10 | 12~15 | 18~20 | 22~25 | 30 |

开敞式码头由于受力复杂，缆绳应有足够长度吸收船舶动能，以减少系船力，一般长度计算公式为

$$L_b = (1.4 \sim 1.5)L \tag{4.5}$$

2) 泊位宽度

泊位宽度是指码头前水域宽度，一般取2倍船宽，船宽可以参考表4.1取值。

3) 泊位水深

泊位水深是指码头前的水深，计算公式为

$$D_b = T + Z_1 + Z_2 + Z_3 + Z_4 \tag{4.6}$$

式中：$D_b$——泊位水深(m)；

　　　$T$——设计船型满载吃水(m)；

　　　$Z_1$——航行时龙骨下的最小富裕深度(m)；

　　　$Z_2$——考虑装载纵倾富裕深度的波浪富裕深度(m)；

　　　$Z_3$——船舶因配载不均而增加的船尾吃水(m)；

　　　$Z_4$——备淤深度(m)。

## 4.3.2 仓库、堆场与货棚

### 1. 仓库、堆场与货棚的功能

仓库、堆场与货棚是指货物在装船前或卸船后短期存放使用的场所，仓库、堆场与货棚在码头装卸作业中的位置结构如图4.32所示。多数较贵重的件杂货都在仓库内堆存保管，对于不同的专业码头，需建造不同的仓库，如散粮码头需建造圆筒粮仓，而石油码头则需建造油库。堆场用于存放不怕雨淋、日晒和气温变化的货物。货棚供临时堆放不宜日晒、雨淋的货物。例如，矿石、煤炭、钢铁和矿建材料等不怕风吹、日晒、雨淋的货物，可以放入露天堆场保管，但此类散装货物的堆场应远离码头，以免对环境造成污染。

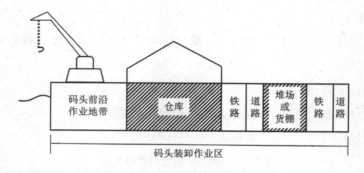

图4.32 仓库和堆场的位置结构

### 2. 仓库的类型

港口仓库根据不同的划分标准，可分为不同的类型。

1) 根据设置位置分类

(1) 前方仓库。前方仓库是设在码头前方第一线与船舶装卸作业直接相关的建筑物，其容量一般要与泊位通过能力相适应。此类仓库主要用于短期存放货物，从而可以加快车船、货物的周转。

(2) 后方仓库。后方仓库是位于港区的后方，距离码头泊位比较远的建筑物。此类仓库可供货物较长时间储存。

2) 根据仓库形态分类

(1) 平面仓库。平面仓库的高度一般在4～6m，一般采用堆垛方式堆存货物，此类仓库只需使用一般的装卸和机械设备来堆、取货物。

(2) 高架立体仓库。高架立体仓库的高度为20～40m，因此可以提高单位面积的货物堆存利用率。此类仓库采用货架式堆存，这样便于货物的堆、取及分类堆存。在货架上，均采用托盘方式堆存货物。高架立体仓库需使用自动分拣、自动巷道、自动堆垛机、RFID等自动化技术，是国内外仓库发展的趋势。

## 4.3.3　港口道路

随着港口工业化和信息化水平的整体提升，港口内部的生产效率也得到大幅提升，在铁路运量达到极限的情况下，提高港口道路运输的输运量，是提高港口吞吐量的有效手段。目前，一些综合性港口的公路运输比例已超过铁路运输，已经成为港口集疏运的主要形式。港口道路包括进港道路及港内道路两部分。

### 1. 进港道路

进港道路是指连接港口所在地区与港口的道路，按港口公路货运量的大小，又可以分为以下两类。

(1) 公路年货运量(双向)等于或大于200万吨的道路。

(2) 公路年货运量(双向)小于200万吨的道路。

### 2. 港内道路

港内道路是指连接港区大门与城市道路或公路的疏港道路，如图4.33所示。

1) 道路等级

根据港区性质、规模，港内道路可以分为4个等级。其中，车道数应根据道路集疏运量分析确定。

(1) 进港高速路。进港高速路是大型集装箱港区的主要对外道路，供汽车分向、分车道行驶，是全部控制出入的全封闭、全立交的高速道路，车道数可设置6车道。

图4.33　港内道路

(2) 一级疏港道路。一级疏港道路是大型综合性港区的主要对外道路，供汽车分向、分车道行驶，是部分控制出入、部分立体交叉的道路，车道数可设置4或6车道。

(3) 二级疏港道路。二级疏港道路是中型港区的主要对外道路，车道数可设置2或4车道。

(4) 三级疏港道路。三级疏港道路是小型港区的对外道路，车道数可设置2车道。

2) 道路类型

港内道路根据重要性，可分为以下3种类型。

(1) 主干道。主干道是港区内交通繁忙的主要道路，一般为港内连接主要出入口的全港性道路。

(2) 次干道。次干道是指港区内码头、库场、流动机械库等之间相互连接的交通运输道路，或连接港区次要出入口的道路，交通运输较繁忙。

(3) 支道。支道是消防道路及港区内车辆、行人均较少的道路。

3) 港内道路设计规定

港内道路的设计应符合以下规定。

(1) 港内道路应能满足港区疏运高峰时的车辆运输要求。

(2) 结合地形条件，港内道路应达到平面顺适、纵坡均衡、横面合理、路面平整、排水畅通的要求。

(3) 道路设计应满足装卸工艺要求，并应与港区陆域竖向设计、港区铁路、管道及其他建筑物设计相协调。

(4) 港区宜设置两个或两个以上出入口，条件受限制或汽车运输量不大时，可只设一个出入口。

(5) 港内道路应按环形系统布置，尽头式道路应具备回车条件。

(6) 主干道应避免与运输繁忙的铁路平面交叉。

(7) 港口客运站通向码头的客、货流通道宜分开设置。

(8) 码头前方作业地带和库场区的道路，不宜设置高出路面的路缘石。

另外，港内道路主要技术指标可参照表4.5的规定，根据实际情况论证可适当调整。

表4.5　港内道路主要技术指标

| 技术指标 | | 主干道 | 次干道 | 支道 |
|---|---|---|---|---|
| 计算行车速度/(km/h) | 一般港区 | 15 | 15 | 15 |
| | 集装箱港区 | 35 | 25 | 15 |
| 路面宽度/m | 一般港区 | 9～15 | 7～9 | 3.5～4.5 |
| | 集装箱港区 | 15～30 | 15～30 | 4～7.5 |
| 最小圆曲线半径/m | 行驶单辆汽车 | 15 | 15 | 15 |
| | 行驶拖挂车 | 20 | 20 | 20 |
| 交叉口路面内缘最小转弯半径/m | 载重4～8t单辆汽车 | 9 | 9 | 9 |
| | 载重10～15t单辆汽车 | 12 | 12 | 12 |
| | 载重4～8t单辆汽车带挂车 | 12 | 12 | 12 |
| | 集装箱拖挂车、载重15～25t平板挂车 | 15～18 | 15～18 | 15～18 |
| | 载重40～60t平板挂车 | 18 | 18 | 18 |
| 停车视距/m | | 15 | 15 | 15 |
| 会车视距/m | | 30 | 30 | 30 |
| 交叉口停车视距/m | 一般港区 | 20 | 20 | 20 |
| | 集装箱港区 | 40 | 30 | 20 |
| 最大纵坡/% | | 5 | 5 | 8 |
| 竖曲线最小半径/m | 一般港区 | 100 | 100 | 100 |
| | 集装箱港区 | 250 | 100 | 100 |
| 竖曲线最小长度/m | 一般港区 | 15 | 15 | 15 |
| | 集装箱港区 | 30 | 20 | 15 |

## 4.3.4　港口铁路

港口铁路运输具有运价低、速度快、安全性高的优势，所以成为重要的港口运输手段。

### 1. 港口铁路的组成

完整的港口铁路系统应包括三部分，即港口车站、分区车场、装卸线，布置方式如图4.34所示。

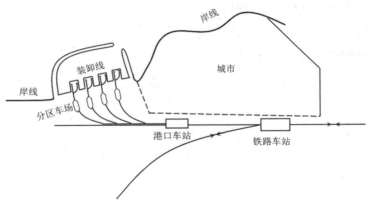

图4.34　港口铁路系统布置方式

(1) 港口车站。港口车站主要承担来自路网或码头方向列车的到发、编解、选分车组和向分区车场或装卸线取送车辆等作业。港口车站距码头、库场作业区不宜太远，以便于取、送车辆作业。

(2) 分区车场。分区车场主要负责在港口区域内对车辆进行分组、集结及向前方库场、二线场、分运中心或码头装卸线取、送车辆等作业。分区车场应尽量与港口作业区划分一致，其线路应包括到达线、编组线、集结线、机车走行线等。

(3) 装卸线。装卸线是布置在库场或码头上供停车进行装卸作业的线路。

### 2. 港口铁路等级

港口铁路应按照其长期或最大设计能力所载重型车辆方向的货运量进行分级，其等级可根据表4.6确定。

表4.6　港口铁路等级

| 铁路等级 | | 重型车辆方向年货运量 $Q \geqslant 10(106t)$ |
|---|---|---|
| I | A | $Q \geqslant 10$ |
| | B | $4 \leqslant Q < 10$ |
| II | | $1.5 \leqslant Q < 4$ |
| III | | $Q < 1.5$ |

## 【习　　题】

1. 港口的概念是什么？

2. 港口具备哪些功能？

3. 港池包括哪几部分？

4. 航道的宽度和水深如何设计？

5. 选择锚地位置应注意哪些问题？

6. 防波堤的轴线布置应满足哪几个要求？

7. 导航设施包括哪些？

8. 常见的码头布置类型有哪几种？

9. 泊位长度、宽度和水深如何计算？

10. 港口铁路系统包括哪几部分？

# 第5章 航空机场

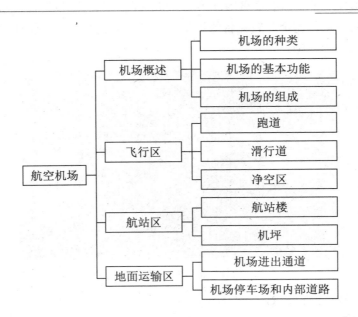

# ⊕5.1 机场概述

机场，也称为飞机场、空港或航空站，是供飞机起降、停驻、维护以及提供机场服务、空中交通管制和其他服务的活动场所。机场是民航运输网络中的节点，是航空运输的起点、终点和经停点，也是空中运输和地面运输的转接点。机场除了为乘客提供运输服务之外，也负责运送货物，货运航空公司常常设有货物处理厂房，用来配送货物。机场通常包括跑道、机坪、塔楼、航站楼、维修厂等场所。

## 5.1.1 机场的种类

机场按照不同的标准，可分为不同的种类。

**1. 按服务对象分类**

(1) 民用机场。民用机场主要承担旅客和货物运输，是专门用于民用航空器起飞、降落、滑行、停放等的区域。民用机场是综合交通运输体系的重要组成部分。

(2) 军用机场。军用机场主要用于军事目的，是供军用飞机起降、停放以及组织和保证飞行活动的场所。由军用机场构成的机场网，战略地位十分重要。

(3) 军民合用机场。军民合用机场是可以同时用于民航和军事目的的机场。军事和民航专用设施应尽可能分开建设和管理，形成自己的体系。

**2. 按路线性质分类**

(1) 国内机场。国内机场是供国内航班使用，仅对国内开放的机场。经过此类机场的航线通常较短，所以机场接受的航班多是直达航班。

(2) 国际机场。国际机场是对国际开放的机场，一般同时接受国际或国内航班。此类机场通常具有较长的跑道和较完备的设施，并设有海关和出入境管理部门。图5.1是北京大兴国际机场的实景图。

图5.1 北京大兴国际机场

### 3. 按服务航线和规模分类

(1) 枢纽机场。枢纽机场是连接国际国内、航线密集的大型机场。旅客和货物能够比较方便地在此类机场中转，如北京首都国际机场、上海浦东国际机场、广州白云国际机场为中国三大门户复合枢纽机场。一般枢纽机场都具备国际机场的功能，图5.2是广州白云国际机场，也是国内三大航空枢纽之一。

图5.2　广州白云国际机场

(2) 干线机场。干线机场是以国内航线为主，空运量较为集中的大中型机场。中国的干线机场有深圳宝安国际机场、南京禄口国际机场、长沙黄花国际机场、大连周水子国际机场等。

(3) 支线机场。支线机场是指规模较小的机场，此类机场的空运量较小，主要以地方航线或短途支线为主。

### 4. 按旅客目的地分类

(1) 始发/终程机场。始发/终程机场的始发/终程旅客占大多数，目前国内机场大多属于这类机场。

(2) 经停机场。经停机场一般位于航线的经停点，具有较少的始发/终程旅客和航班飞机。

(3) 中转机场。此类机场主要供旅客乘飞机到达后，立即转乘其他航线的飞机飞往目的地。

## 5.1.2　机场的基本功能

机场的主要功能是供飞机安全、有序、高效地起降运行。由于民用机场是机场类型中最重要的一类，在这里以民用机场为例来介绍机场的基本功能。

### 1. 为飞机提供运行服务

机场可以提供飞行区等设施、设备，以确保飞机安全有序地起飞、着陆、停靠等。

**2. 为旅客提供服务**

机场能够为旅客提供便利的服务设施，便于旅客及时托运行李、上下飞机、改变交通方式等，也能为旅客提供餐饮、购物、休息等服务。

**3. 组织货物、邮件运输**

机场具有地面运输组织功能和相关的运输设施设备，能够组织货物和邮件安全运输。

**4. 具备飞机日常维护等辅助功能**

机场能够为飞机提供日常维修保养服务，为飞机补充油料、水、食物及航材等，也能为飞机提供消防、救援服务。

**5. 具备空中管制等技术功能**

机场能够为飞机提供空中交通管制、通信导航监视、航空气象、航行情报等各种技术服务。

## 5.1.3　机场的组成

机场可以分为飞行区、航站区和地面运输区，如图5.3所示。

图5.3　机场组成

**1. 飞行区**

飞行区是飞机的活动区域，主要用于飞机的起飞、着陆和滑行。飞行区又可以分为空中部分和地面部分，空中部分指用于飞机起降的净空区；地面部分包括跑道、升降带、滑行道、停机坪、登机门、地面标志、灯光助航设施和排水系统，以及一些为维修和空中交通管制服务的设施与厂地，如机库、塔台、救援中心等。

**2. 航站区**

航站区是旅客登机的区域，它是飞行区和地面运输区的接合部位，是机场为旅客服务的场所。航站区主要包括航站楼、机坪等。

### 3. 地面运输区

地面运输区是车辆和旅客服务活动的区域，连接了从城市进出机场的通道。地面运输区主要包括停车场、内部通道等。

# ⊕5.2 飞行区

机场的飞行区是为飞机在地面活动及停放提供适应飞机特性要求和保证运行安全的构筑物的统称。飞行区的主要部分包括跑道、滑行道、净空区等，本节主要围绕这几个部分展开介绍。

## 5.2.1 跑道

跑道是供飞机起降的区域，如图5.4所示，它是机场上最重要的建筑物。它为飞机提供起飞、着陆、滑跑以及起飞滑跑前(和着陆滑跑后)运转所需的场地。它决定了机场的等级标准，以及相关设施的修建要求。机场的结构主要取决于跑道的数目、方位以及跑道与航站区的相对位置。

图5.4 机场跑道

### 1. 跑道的分类

1) 按功能分类

(1) 主跑道。主跑道是指在条件允许的情况下优先使用的跑道。它旨在满足使用机场最大飞机的要求，具有较高的承载能力和较长的长度。

(2) 起飞跑道。起飞跑道是仅用于起飞的跑道。

(3) 辅助跑道。辅助跑道也称为次要跑道，是指由于侧风的影响飞机无法在主跑道上起降而用于辅助起降的跑道，其长度比主跑道的长度要短。

2) 按无线电导航设备分类

(1) 仪表跑道。仪表跑道是指飞机可以使用仪表进行程序飞行的跑道。仪表跑道又可以分为非精密飞行跑道和精密飞行跑道，后者有I、II和III类，装有仪表着陆系统，能把飞机引导至跑道上着陆和滑行。

(2) 非仪表跑道。非仪表跑道是指只能供飞机用目视进行程序飞行的跑道。

**2. 跑道的布置形式**

跑道的布置形式有单条跑道、平行跑道、交叉跑道以及开口V形跑道。

1) 单条跑道

单条跑道是大多数机场跑道的基本形式，其布置形式如图5.5所示。此种形式的航站区一般设置在靠近跑道中部的位置。该布置形式简单、占地少。

在目视飞行情况下，单条跑道的容量为每小时45～100架次；在仪表飞行情况下，单条跑道的容量为每小时40～50架次。

图5.5 单条跑道

2) 平行跑道

平行跑道是当前新建或扩建机场较常用的一种布置形式。这种形式虽然占地多，但其容量大、布置合理、效率高。平行跑道一般采用2条平行跑道，国际上也有极少数飞机场设置4条平行跑道。

根据跑道位置的不同，平行跑道可以分为3种基本形式，如图5.6(a)、5.6(b)和5.6(c)所示。跑道中心线间距又可以分为近距、中距和远距3种。近距的间距一般为210～760m，满足这种间距的平行跑道，航站区一般布置在两条跑道的一侧。中距的间距一般为760～1300m。远距的间距一般大于1300m。对于满足中距和远距的平行跑道，航站区均可以布置在两条跑道之间。

在目视飞行情况下，跑道间距对飞行容量的影响不大，近距、中距和远距平行跑道的容量为每小时100～200架次；在仪表飞行情况下，近距平行跑道的容量为每小时50～60架次，中距平行跑道的容量为每小时75～80架次，远距平行跑道的容量为每小时85～105架次。

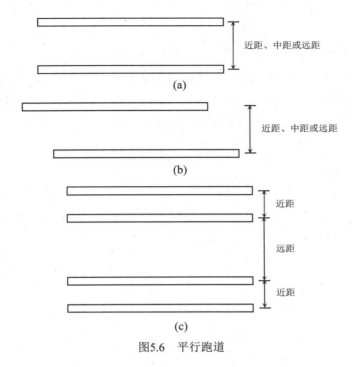

图5.6　平行跑道

3) 交叉跑道

交叉跑道是由于常年风向的影响，为了满足侧风对飞机起飞和着陆的要求，将两条或两条以上跑道交叉布置的一种形式。此种跑道形式的航站区一般布置在交叉点与两条跑道所夹的场地。交叉跑道根据当时风向，只能使用一条跑道。交叉跑道容易产生交叉干扰，目前很少机场采用这种形式。根据交叉点距离起飞端和着陆端的远近，交叉跑道又可以分为3种形式，分别如图5.7(a)、5.7(b)和5.7(c)所示。

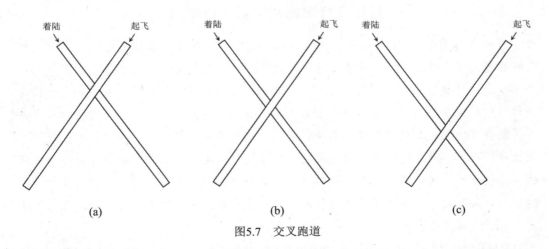

图5.7　交叉跑道

在目视飞行情况下，交叉跑道的容量为每小时50～175架次；在仪表飞行情况下，交叉跑道的容量为每小时40～70架次。

4) 开口V形跑道

开口V形跑道是两条跑道互不相交，呈现散开布置的一种形式。开口V形跑道跟交叉跑道类似，当一个方向来强风时，只能使用一条跑道，但当风小时，两条跑道可以同时使用。这种跑道形式的航站区一般布置在两条跑道所夹的场地上。根据散开位置的不同，开口V形跑道可以分为图5.8(a)和图5.8(b)两种形式。

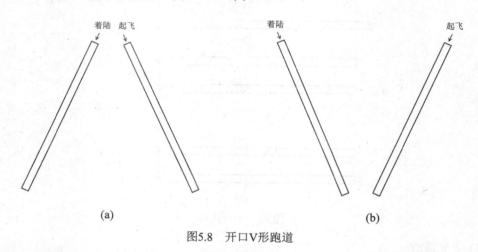

图5.8　开口V形跑道

在目视飞行情况下，开口V形跑道的容量为每小时50～200架次；在仪表飞行情况下，开口V形跑道的容量为每小时50～70架次。

## 知识窗

### 目视飞行规则和仪表飞行规则

目视飞行规则(VFR)是指在可见天地线和地标的条件下，能够判明航空器飞行状态和目视判定方位的飞行。目视飞行机长对航空器间隔、距离及安全高度负责。

仪表飞行规则(IFR)是专门为使用无线电仪表导航的飞机制定的。它规定了靠仪表飞行时的气象条件。在仪表飞行时，驾驶员仅靠仪表观测和管制员的指示飞行即可，不需要看其他飞机和地面情况，因此仪表飞行的气象条件要宽于目视飞行。仪表飞行大大降低了天气对飞行可能造成的影响。仪表飞行规则要求飞机上必须配置齐全规定的飞行仪表和无线电通信设备；相应的，驾驶员也必须具备熟练使用这些仪表和设备的能力。驾驶员只有在取得仪表飞行的驾驶执照后才能进行仪表飞行。空中飞行的绝大多数航班都采用仪表飞行。

资料来源：飞行员培训视频教程：Sporty IFR 仪表飞行规则[EB/OL]. http://xidong.net/File001/File_59621.html.

### 3. 跑道的基本参数

机场结构主要取决于跑道的数量、位置、尺寸以及航站区与跑道的相对位置。跑道的基本尺寸参数有跑道长度、宽度和坡度。

1) 跑道长度

跑道长度是跑道的关键参数，决定了机场的规模和飞机起降的安全性。跑道的长度取决于所能使用的最远飞机起降距离、最大海拔高度及最高温度。海拔高度高、空气稀薄、地面温度高，会导致飞机发动机功率下降，则需要加长跑道。跑道长度一般指实际跑道铺设全强度道面长度，道面即在天然土基和基层顶面用筑路材料铺筑的一层或多层的人工结构物。跑道长度计算公式为

$$FS = \max(TOR, TOR', LD) \tag{5.1}$$

式中：TOR——正常起飞(全部发动机工作)时的起飞滑跑距离(m)，需铺设全强度道面；

　　　TOR'——故障起飞(如有一台发动机失效，需继续起飞或中断起飞)时的起飞滑跑距离(m)，需铺设全强度道面；

　　　LD——着陆距离(m)，为了安全，需要铺设全强度道面。

(1) TOR的计算公式为

$$TOR = 1.15LOD + \frac{TOD - 1.15LOD}{2} \tag{5.2}$$

式中：LOD——正常起飞时，从静止启动点到离地点的离地距离(m)；

　　　TOD——正常起飞时的起飞距离(m)，一般为1.15$D$，$D$是正常起飞时从静止启动点到飞机距地面安全高度(10.7m)的水平距离，如图5.9所示。

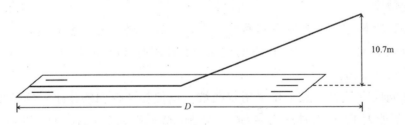

图5.9　启动点到安全高度的水平距离$D$

(2) TOR'的计算公式为

$$TOR' = LOD' + \frac{TOD' - LOD'}{2} \tag{5.3}$$

式中：LOD'——继续起飞时，从静止启动点到离地点的水平距离(m)；

　　　TOD'——继续起飞时的起飞距离(m)，一般为$D'$，$D'$是继续起飞时从静止启动点到飞机距地面安全高度(10.7m)的水平距离。

(3) LD的计算公式为

$$LD = \frac{SD}{0.6} \tag{5.4}$$

式中：SD——飞机以要求的速度，从高于着陆表面15.2m处通过跑道入口到接地并完全停止所需的水平距离(m)，如图5.10所示。

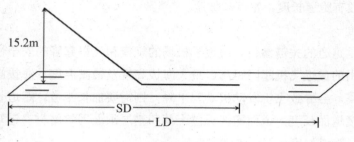

图5.10　SD和着陆距离LD

2) 跑道宽度

跑道宽度取决于飞机的翼展和主起落架的轮距，一般不超过60m。跑道宽度如表5.1所示，单位为m。

表5.1　跑道宽度

| 基准代码 | 基准代字及宽度 | | | | |
|---|---|---|---|---|---|
| | A | B | C | D | E |
| 1 | 18 | 18 | 23 | — | — |
| 2 | 23 | 23 | 30 | — | — |
| 3 | 30 | 30 | 30 | 45 | — |
| 4 | — | — | 45 | 45 | 45 |

3) 跑道坡度

为了保证飞机起飞、着陆和滑跑的安全，应尽量避免沿跑道的纵向坡度及坡度变化，但在有些情况下可以有3°以下的坡度。在使用有坡度的跑道时，要考虑对性能的影响。

跑道横向应有坡度，且尽量采用双面坡，以便加速道面的排水。横坡坡度不小于0.01，但也不能大于0.015(基准代字为C、D)或0.02(基准代字为A、B)，以利于飞机滑跑安全。

**知识窗**

## 飞行区等级

跑道的性能及相应的设施决定了什么等级的飞机可以使用这个机场，机场按这种能力所做的分类，称为飞行区等级，如表5.2所示。飞行区等级用编码表示，编码由两部分组成。

表5.2　飞行区等级

| 第一要素 | | 第二要素 | | |
|---|---|---|---|---|
| 代码 | 飞机基准飞行场地长度/m | 代字 | 翼展/m | 主起落架外轮外侧的间距/m |
| 1 | <800 | A | <5 | <4.5 |
| 2 | 800～<1200 | B | 5～<24 | 4.5～<6 |
| 3 | 1200～<1800 | C | 24～<36 | 6～<9 |
| 4 | ≥1800 | D | 36～<52 | 9～<14 |
| | | E | 52～<65 | 9～<14 |

第一部分是数字，反映与飞机性能相对应的跑道性能和障碍物的限制——表示所需要的飞行场地长度。

第二部分是字母，反映飞机的尺寸所要求的跑道和滑行道的宽度——表示相应飞机的最大翼展和最大轮距宽度。

资料来源：机场的跑道组成、标准和参数[EB/OL]. https://www.renrendoc.com/paper/108644354.html.

**4. 跑道的附属区域**

跑道的附属区域包括跑道道肩、跑道安全带和净空道，而跑道安全带又包括侧安全地带和道端安全地带，道端安全地带中可设置安全道，如图5.11所示。一般将跑道、道肩和安全道几个区域合在一起称为升降带。

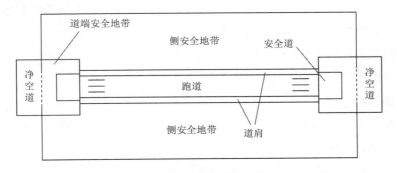

图5.11　跑道的附属地带

1) 跑道道肩

跑道道肩是地面与跑道纵向侧边之间的一端隔离地带，它的作用是保护跑道边缘，所以道肩的路面要有足够的强度，同时也可以保证在发生事故时，飞机不致遭受损坏。道肩每侧宽度一般为1.5m。

2) 跑道安全带

跑道安全带是在跑道的四周划出的区域，在意外情况下，可保障飞机冲出跑道时的安全。跑道安全带可分为侧安全地带和道端安全地带。

(1) 侧安全地带。侧安全地带是由跑道中心线向外延伸一定距离的区域，对于大型机场来说，这个距离应不小于150m。该区域内要求地面平坦，不允许有任何障碍物。在紧急情况下，可允许无法放下起落架的飞机在此地带实施硬着陆。

(2) 道端安全地带。道端安全地带是指由跑道端至少向外延伸60m的区域，以防起飞和降落时冲出跑道造成危险。在道端安全地带中，有的跑道还设有安全停止道，简称安全道，其宽度不小于跑道，一般和跑道等宽，长度视机场的需要而定，它的强度要足以支持飞机中止起飞时的重量。

3) 净空道

净空道是指跑道端之外的地面和向上延伸的空域。净空道在跑道中心延长线两侧呈对称分布，一般宽度为150m。在此区域内，可以是地面或水面，除了跑道灯之外不能有任何障碍物。

## 5.2.2　滑行道

滑行道是连接飞行区各个部分，专供飞机滑行的道路。它是机场的重要地面设施。滑行道应以实际可行的最短距离连接各功能分区。

**1. 滑行道的功能**

滑行道的功能主要包括两个方面。

(1) 滑行道是跑道和航站区之间的通道，它不仅可以使飞机由航站区进入跑道，也可以使已着陆的飞机迅速离开跑道到达航站区，这样不会对起飞滑跑的其他飞机造成干扰，并能尽量避免延误即将着陆的飞机。

(2) 滑行道可将飞行区、航站区、飞机停放区、维修区及供应区等不同功能的区域连接起来，使机场最大限度地发挥其容量潜力并提高运行效率。

**2. 滑行道系统组成**

滑行道系统主要包括主滑行道、进出滑行道、飞机机位滑行通道、机坪滑行道、辅助滑行道、滑行道道肩及滑行带。

(1) 主滑行道。主滑行道也称为干线滑行道，是飞机往返于跑道与机坪的主要通道，通常与跑道平行。

(2) 进出滑行道。进出滑行道是指进口滑行道和出口滑行道，也称联络滑行道，俗称联络道。进出滑行道是主滑行道与跑道之间的联络道，其沿跑道的若干处设计，旨在使着陆飞机尽快脱离跑道。出口滑行道大多与跑道正交，而快速出口滑行道与跑道的夹角介于25°与45°之间，最好取30°，如图5.12所示。

(3) 飞机机位滑行通道。飞机机位滑行通道是指从机坪滑行通道通往飞机停机位或其他航站地区的通道。

(4) 机坪滑行道。机坪滑行道指设在机坪边缘，供飞机穿越机坪用的通道。

（5）辅助滑行道。辅助滑行道是为了使飞机在机场内安全而迅速地运行而设置的辅助通道。

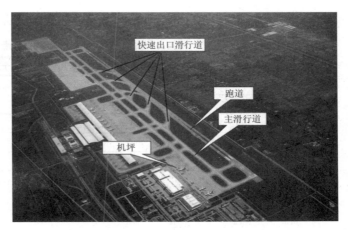

图5.12 快速出口滑行道

（6）滑行道道肩。滑行道道肩设置在滑行道道面两侧，其宽度应覆盖滑行飞机的外侧发动机，以防止气流侵蚀和避免松散物体吸入发动机。滑行道道面和道肩的最小总宽度范围应为25～44m。

（7）滑行带。滑行带是滑行道中线两侧一块特定的场地，用以保障飞机在滑行道上滑行时，翼尖能在一个安全的通道内滑行，并在飞机偶然滑出滑行道时减小损坏的危险。在滑行带内，不允许有危及飞机滑行安全的障碍物。

**3. 滑行道的宽度**

滑行道的宽度由使用机场最大的飞机的轮距宽度决定，要保证飞机在滑行道中心线上滑行时，它的主起落轮的外侧距滑行道边线不小于1.5～4.5m。在滑行道转弯处，它的宽度要根据飞机的性能适当加宽。

1）滑行道道面宽度

滑行道道面的最小宽度由最大主起落架外轮外侧的间距加2倍的主起落架外轮外侧与滑行道道面边缘的净距得到，见表5.3。

表5.3 滑行道道面最小宽度来源

| 基准代字 | 最大主起落架外轮外侧的间距/m | 主起落架外轮外侧与道面边的净距/m | 滑行道道面最小宽度/m |
|---|---|---|---|
| A | 4.5 | 1.5 | 7.5 |
| B | 6 | 2.25 | 10.5 |
| C | 9 | 3.0或4.5[①] | 15或18[①] |
| D | 9或14[②] | 4.5 | 18或23[②] |
| E | 14 | 4.5 | 23 |

注：①代字C的滑行道，主起落架外轮外侧间距为9m，飞机前后斜距小于18m时，外轮与道面边的净距取3m；前后轮距大于等于18m时，净距取4.5m。由此可知道面宽度分别为15m或18m。
② 代字D的滑行道，主起落架外轮外侧间距小于9m时，按9m计算；大于等于9m时，按14m计算。外轮与道面边的净距取4.5m，由此可知道面宽度分别为18m或23m。

2）滑行道道肩和滑行带宽度

代字C、D、E的滑行道两侧应设置道肩，其宽度应保证发动机不会吸入砂石及吹蚀土质地面。滑行带包括滑行道及两侧土质地带。滑行道直线部分的道面宽度、道面及道肩总宽度、滑行带总宽度和滑行带平整宽度如表5.4所示。

表5.4 滑行道道面、道肩和滑行带等的宽度

| 基准代字 | 道面宽度/m | 道面及道肩总宽度/m | 滑行带总宽度/m | 滑行带平整宽度/m |
|---|---|---|---|---|
| A | 7.5 | — | 32.5 | 22 |
| B | 10.5 | — | 43 | 25 |
| C | 15或18 | 25 | 52 | 25 |
| D | 18或23 | 38 | 81 | 38 |
| E | 23 | 44 | 95 | 44 |

## 5.2.3 净空区

由于飞机在机场区域内的飞行高度比较低,必须在机场上空划出一个区域,即为净空区,如图5.13(a)所示。净空区一般规定一些假想的平面或斜面作为净空障碍物限制面(净空面),用以限制机场周围地形及人工构筑物的高度。非仪表跑道和非精密进近跑道中应设置内水平面、外水平面、进近面、锥形面、过渡面、起飞爬升面;精密进近跑道除设置以上净空面外,还应设置内进近面、内过渡面和复飞面,如图5.13(b)所示。

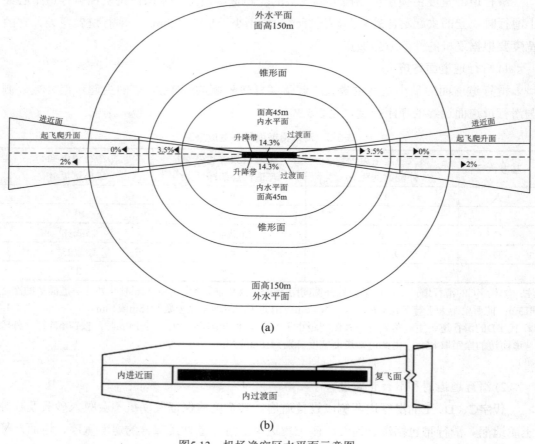

(a)

(b)

图5.13 机场净空区水平面示意图

### 1. 内水平面

内水平面是保护飞机着陆前目视盘旋所需的空域。它是高出机场标高45m的一个水平面，以跑道两端入口中点为中心画了两个半径为4000m的圆弧，然后以公切线(与跑道中心平行)连接两圆弧，得到一个近似椭圆形。

### 2. 外水平面

为保护飞机在机场起降的安全并提高效率，有必要在更大范围内(机场障碍物限制面以外地区)检测任何建筑物，以防对飞机飞行产生影响。外水平面即为距机场中心15 000m半径范围内，高出机场标高150m的水平面。凡是高出当地地面30m，同时高出机场标高150m，在距机场中心15 000m半径范围内的高建筑物均可被认为是障碍物。

### 3. 进近面

进近面是由跑道端基本面沿跑道延长线向外向上延长的平面，它是在跑道入口前提供飞机进近着陆使用的一个倾斜平面或几个斜面和平面的组合面，用以限制建筑物的高度。这样，当飞机以某一下滑角度降落时，能与建筑物保持一定的垂直距离。进近面内起始端垂直于跑道中心延长线，其标高等于跑道中心点的标高，两侧边由内边两端向外散开。

### 4. 内进近面

内进近面是进近面中紧靠跑道入口的一块长方形区域，用于精密进近跑道。

### 5. 锥形面

锥形面是内水平面与外水平面之间的一种形状似锥形的过渡面，用于保证飞机正常复飞(着陆失败后复飞)的安全，也可供飞机作目视盘旋用。它是由内水平面的边缘开始，以1：20的坡度向上、向外倾斜，直到高出起算标高100m为止的曲面。锥形面必须在内水平面周边成直角的垂直平面中度量。

### 6. 过渡面

过渡面是指从升降带两侧边缘和进近面部分边缘开始向上、向外倾斜，直到与内水平面相交的复合面。它用来限制房屋等建筑物的高度，对飞机在进近到着陆操作的最终阶段提供净空保护。过渡面是在基本面和进近面以1：7的斜度向上、向外延伸，以升降带两侧边缘和部分进近面边缘作为起端，以14.3%的坡度向上、向外倾斜，直至与内水平面相交。

### 7. 内过渡面

内过渡面与过渡面相似，但更接近跑道。内过渡面用于精密进近跑道，作为对助航设备、飞机和其他必须接近跑道的车辆进行控制的障碍物限制面。

### 8. 复飞面

复飞面是位于跑道入口之后，在两侧内过渡面之间延伸的梯形斜面。复飞面用于精密进近跑道。

### 9. 起飞爬升面

起飞爬升面是在起飞跑道端或净空道外端的一个向上梯形(或舌形)的斜面。起飞爬升面是供起飞所用跑道必须设置的区域,能够保证飞机在起飞和复飞时,与建筑物保持足够的距离,防止飞行事故的发生。

## → 5.3 航站区

航站区是机场内办理航空客货运输业务和供旅客、货物在地面运转的地区,它由航站楼、机坪等区域组成。航站区空侧的规划应考虑飞机运行架次、机型组合、地面保障服务设施等因素,路侧应便于交通组织,与城市交通系统有良好的衔接。航站区应选择地势开阔、平坦的地段,应具有美感,并应给扩建发展留有余地。

### 5.3.1 航站楼

航站楼也称为候机楼,是旅客在乘飞机出发前和抵达后办理各种手续和短暂休息等候的场所,内部实景如图5.14所示。航站楼作为机场的重要设施,是航站区的主体建筑,它的一侧连着机坪,用以接纳飞机;另一侧与地面交通系统相连接。

#### 1. 航站楼的组成

航站楼通常由下列4项设施组成。

(1) 业务服务设施。业务服务设施包括售票、问讯、登记客票、交运行李、安全检查、出入境管理、海关检查、卫生检疫等柜台,有线广播设备,进出港航班动态显示装置,旅客登机设施(如登机口、旅客集中休息厅、登机桥、自动客梯、升降登机车、可移动的旅客休息室),以及行李分拣装置、行李车、传送带、行李提取柜台等。

图5.14 航站楼内部实景

(2) 连接地面交通和飞行的设施。连接地面交通的设施有上、下汽车的车道及公共汽车站等；连接飞机的设施有适用于不同登机方式的运送、登机设施。

(3) 必要的用房。必要的用房包括航空公司营运和机场管理部门所需的行政办公用房、航空公司业务用房等。

(4) 生活保障设施。生活保障设施主要有旅客休息室、游乐室、餐厅、酒吧间、食品饮料自动出售设备，以及其他公用设施，如银行、邮局、书报摊、售品部、旅馆及出租汽车预订柜台等。

### 2. 航站楼的类型

航站楼根据不同的划分形式，可分为不同的类型。

1) 根据内部构型分类

(1) 一层式航站楼。一层式航站楼的离港和到港活动都在同一层平面内，此种类型适合客流量较小的机场。

(2) 一层半式航站楼。一层半式航站楼是两层结构，而楼前车道是一层结构。通常航站楼的第一层供到港旅客用，第二层供离港旅客用。此种类型适合中等客流量的机场。

(3) 二层式航站楼。二层式航站楼的航站楼和楼前车道都是两层。通常第一层供到港旅客用，第二层供离港旅客用。此种类型适合客流量较大的机场。

2) 根据平面形式分类

(1) 前列式航站楼。前列式航站楼的登机口沿航站楼前沿布置。

(2) 廊道式航站楼。廊道式航站楼的主楼朝机坪方向伸出一条或数条廊道，登机口沿廊道两侧布置。

(3) 卫星式航站楼。卫星式航站楼在主楼之外建造一些登机厅，沿登机厅周围布置登机口，而登机厅与主楼用廊道连通。

(4) 综合式航站楼。综合式航站楼是采用上述两种或三种形式建造的航站楼。

### 3. 航站楼的设置原则

航站楼的设置需遵循以下原则。

(1) 航站楼通常设在飞行区中部，为了缩短飞机的滑行距离，航站楼应尽量靠近平行滑行道。

(2) 当飞行区只有一条跑道时，航站楼应设在靠近城市的跑道一侧，以便旅客与城市联系。当只有一条跑道且风向比较固定时，航站楼应设在靠近跑道主起飞的一端。当飞行区有两条跑道时，航站楼宜设在两条跑道之间，以便飞机来往于跑道和机坪，且有利于充分利用机场用地。

(3) 为了便于航站楼布局和机坪排水，航站楼应设在海拔稍高且平坦的地方。航站楼应与跑道和其他建筑物保持足够的距离，以留有发展余地。

（4）航站楼内各种设施的配置必须合理，以适应旅客的特点和需求。对进出港旅客，通常采取立体隔离的方式，将进出港旅客的行动路线分别安排在两个楼层内。对国际和国内旅客，则采取平面隔离的办法，在同一层分别设置国际旅客和国内旅客的活动场所。

## 5.3.2　机坪

机坪是在机场上划定的供飞机停放和进行各种业务活动的场所，如飞机上下乘客、装卸货物和邮件、给飞机加油或做维护。机坪一般设在航站楼外面。机坪的大小应能满足飞机滑行或拖行的安全运转需要和各种机动车辆或设备进入机坪为飞机服务的需要。

**1. 机坪的类型**

机坪按使用功能，可以分为登机机坪、货机坪、等待起飞机坪、等候机位机坪、维修及停机坪。

1）登机机坪

登机机坪是供旅客上下飞机、装卸货物的停机位置。登机机坪的构型及大小，主要取决于飞机数量、旅客登机方式及旅客航站的构型。

2）货机坪

货机坪是在货量大和专门设有货运飞机航班的机场，设置的专门处理空运货物陆空转换的场所。货机坪的设置要与货物吞吐量相适应。

3）等待起飞机坪

等待起飞机坪是为预备起飞的飞机等待放行，或为另一架飞机绕越提供条件的场所，一般设在跑道端部。等待起飞机坪和相应滑行道的设置，主要根据飞机场高峰期飞机的架次、场址条件和等待起飞的可能性决定。

4）等候机位机坪

等候机位机坪是在机场内设置的地点合适、相对较小、用于临时停放飞机的场所。当登机机坪停机门位数不足时，空管部门就可以指挥飞机到等候机位机坪，等有了停机门位时再到登机机坪。

5）维修及停机坪

维修及停机坪是为飞机停放及各种维修活动提供的场所。此类机坪的设置除应考虑维修设备的不同要求外，还要考虑飞机试飞时气流的吹袭影响，以免对停放、滑行的飞机、地面设备和人员造成威胁。

**2. 登机机坪的相关设施**

登机机坪是主要的机坪，它是指旅客从航站楼上机时飞机停放的机坪，如图5.15所示，这个机坪要求能使旅客尽量缩短步行上飞机的距离。

图5.15　登机机坪

除远距离登机机坪外，在停机位置都需要配备一定的设施，以帮助驾驶员把飞机停放在准确的位置，让登机桥能和机门连接。

1) 登机桥

登机桥是连接航站楼与飞机之间的可伸缩、移动、升降的活动通道，如图5.16所示。当飞机停稳后，登机桥和机门相连，旅客可以通过登机桥直接由航站楼进出飞机。

图5.16　登机桥

2) 停机标识

停机标识设置在停机位置处的侧面，由画有各种机型的停机指示线组成，如图5.17所示。当驾驶员左肩对准所驾驶机型的指示线时，飞机机门的位置就对准了登机桥。

图5.17　停机标识

3) 停机对准系统

停机对准系统由显示板、压力传感器等组成，用于辅助飞机精确停到停机位。驾驶员可通过前方的灯光显示判断机头是否对准滑入停机位的方向。在停机位的前方滑行道上还铺有压力传感器，飞机前轮压上传感器之后，在机头前方的显示板上会显示前轮停放位置的偏差。

**3. 登机机坪的布局**

登机机坪的布局有多种形式，受机位数目、机位尺寸、飞机的停靠方位及进出机位方式、旅客登机方式、候机楼布局、飞机地面服务要求等因素影响。旅客登机方式有站坪上步行、通过登机桥、用车辆(转运车、摆渡车)运送等。登机机坪的布局方式有单线式、车辆运送式、卫星厅式和指廊式。

1) 单线式

单线式是指飞机停在航站楼墙的外面，乘客走出登机口直接上飞机。采用此种方式布局，飞机沿航站楼一线排开，如图5.18所示。

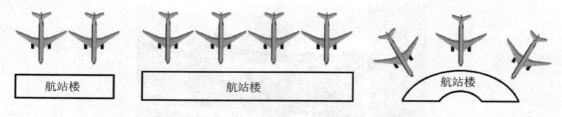

图5.18　单线式登机机坪

2) 车辆运送式

车辆运送式是指飞机停在远离航站楼的地方，登机旅客需由特制的摆渡车或转运车送到飞机旁，如图5.19所示。

图5.19　车辆运送式登机机坪

3) 卫星厅式

卫星厅式是指在航站楼外一定距离处建立一个或几个卫星大厅，飞机沿卫星大厅停入，如图5.20所示。卫星厅和航站楼之间由可移动的人行通道或定期往来车辆进行沟通。

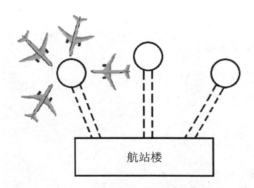

图5.20 卫星厅式登机机坪

4) 指廊式

指廊是指由航站楼伸出的走廊，这种方式可供较多飞机停在走廊两侧，如图5.21所示。此种方式是目前机场中比较常用的一种方式。走廊上通常设活动人行道，以缩短乘客的步行距离。

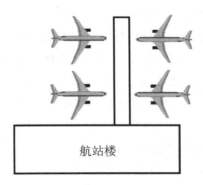

图5.21 指廊式登机机坪

# 5.4 地面运输区

航空机场是空中交通与地面交通的交会处，是城市的交通中心之一，每年进入机场的旅客数以千万计，因此，便捷的地面交通系统尤为重要。机场的地面运输区主要由两部分组成：机场进出通道，机场停车场和内部道路。

## 5.4.1 机场进出通道

机场进出通道是指旅客为到达机场乘坐航班及航班到达后乘坐地面交通工具进出机场候机楼的道路，如图5.22所示，它是城市规划的一个重要部分。

图5.22　机场进出道路

机场进出通道的功能是将机场与附近的城市连接起来，将旅客、货物和邮件及时运进或运出机场。只有具备便捷的地面交通系统才能及时地将旅客运送到市区或其他地方，把货物运送到目的地或与其他水路、公路、铁路交通枢纽相衔接。

一般情况下，只要是拥有机场的城市，为了解决旅客来往于机场和市区的问题，都要建立足够的公共交通系统，大部分机场都有足够的公共汽车线路以方便旅客出行。有些大型城市为了保证机场交通的畅通，修建了从市区到机场的专用公路、高速公路和城市铁路，甚至开通了地铁和轻轨，以方便旅客出行。同时，也要考虑航空货运问题，规划机场进出通道时要把机场到火车站和港口的路线同时考虑在内。

## 5.4.2　机场停车场和内部道路

机场还需要建设大面积的停车场以及相应的内部通道。

### 1. 停车场

规划停车场时，除考虑乘机的旅客外，还要考虑接送旅客的人，以及空港工作人员的车辆，观光者和出租车量的需求，因此机场停车场必须有足够大的面积，如图5.23所示。

图5.23　机场停车场

**2. 内部道路**

内场道路是指机场内的航空器活动区和维修区内标定的车辆、行人通行的场地。机场的内部道路系统包括候机楼下客区、停车场和旅客离开候机楼的通道(公共车辆、出租车、其他车辆的载客区和出入通道)，以及内场通道。

民航总局对全国民用机场航空器活动区道路交通安全实行统一监督管理。

1) 车辆在航空器活动区行驶时应当遵守的规定

(1) 按指定的通行道口进入航空器活动区，接受值勤人员的查验。

(2) 机场管理机构可根据本机场的实际情况，实行分区限速管理，但最快不得超过50km/h。

(3) 行驶到客机坪、停机坪、滑行道交叉路口时，停车观察航空器动态，在确认安全后，方可通行。

(4) 遇有航空器滑行或被拖行时，在航空器一侧安全距离外避让，不得在滑行的航空器前200m内穿行或50m内尾随、穿行。

(5) 行李车拖挂托盘行驶时，挂长3.4m、宽2.5m的大托盘不得超过4个，长1.9m、宽1.8m的小托盘不得超过6个。拖挂的货物重量不得超过拖车的最大载量。行李车在拖挂托盘行驶时不得倒车。

(6) 机动车辆穿行跑道、滑行道、联络道，或在跑道、滑行道、联络道上作业时，应当事先征得空中管制部门或机场管理机构同意，按指定的时间、区域、路线穿行或作业。

(7) 驶入跑道、滑行道、联络道作业的机动车辆应当配备能与塔台保持不间断通信联络的双向有效的通信设备，作业人员应当按规定穿戴反光服饰。

2) 在停机位内驾驶车辆应当遵守的规定

(1) 除了为航空器提供保障服务的车辆外，其他车辆不得进入或停放在停机位内。

(2) 航空器正在进入停机位或被推离停机位时，车辆不得进入停机位。

(3) 准备为抵达航空器服务的车辆，须停在设备停放区，航空器已加上轮挡及引擎关闭后，方能接近航空器作业。

(4) 车辆接近、靠接航空器作业时，应当使用制动和轮挡，速度不得超过5km/h。

(5) 驾驶员在航空器旁停放车辆时，必须确保与航空器及邻近设备保持足够的安全距离，且严格遵守操作规程。

(6) 除需为航空器提供服务的车辆外，其他车辆不得从机翼或机身下穿行。

(7) 车辆不得停放在航空器燃油栓禁区内。

(8) 当航空器在加油时，在停机位内的车辆不得阻塞加油车前方的紧急通道。

(9) 当航空器引擎正在开动或防撞灯亮起时，车辆不得在航空器后方穿过。

(10) 在停机位内作业的车辆不得倒车。必须倒车的，须有人观察指挥，确保安全。

(11) 车辆须避让在航空器旁工作的地勤人员。

(12) 航空器准备推后作业时，除航空器拖车外，其他车辆均应远离停机位，停放在设备区。

# 【习　题】

1. 机场的类型有哪些？

2. 机场的功能是什么？

3. 跑道的布置形式有哪几种？

4. 跑道的长度如何计算？

5. 滑行道的功能是什么？

6. 净空区包括哪些基本结构？作用分别是什么？

7. 航站楼的设置原则有哪些？

8. 登机机坪的布局方式有哪几种？

9. 机场进出通道的功能是什么？

# 第6章 交通枢纽

## 教学提示

本章重点讲授交通枢纽的定义、分类、作用以及交通枢纽与城市道路的布置方式；介绍了铁路枢纽的分类、铁路枢纽的布置类型；讲解了公路枢纽的功能、类型、设施、布局原则和发展趋势；讲解了城市轨道交通枢纽的功能、分类、规划、换乘方式和布置方式；分析了水运枢纽的基本要素、具备条件和种类；介绍了航空枢纽的优势、条件以及类型；重点分析了交通枢纽的流线分类和疏解方法。

## 学习目标

◇ 掌握交通枢纽的定义、分类、作用和交通枢纽与城市道路的布置方式；

◇ 掌握铁路枢纽的分类和布置类型；

◇ 掌握公路枢纽的功能、类型、设施、布局原则和发展趋势；

◇ 掌握城市轨道交通枢纽的功能、分类、规划要素和原则、换乘方式和布置方式；

◇ 理解水运枢纽的基本要素、具备条件和种类；

◇ 理解枢纽机场的优势、条件和类型；

◇ 重点掌握交通枢纽的流线分类和疏解方法。

**知识结构**

## ⊕6.1　交通枢纽概述

交通枢纽是国家或区域交通运输系统的重要组成部分，是不同运输方式的交通网络的交会点，是由若干种运输方式所连接的固定设备和移动设备组成的整体，它们共同承担枢纽所在区域的直通作业、中转作业、枢纽作业以及城市对外交通的相关作业等功能。

## 6.1.1　交通枢纽的定义与种类

### 1. 交通枢纽的定义

交通枢纽通常位于交通网络交会处，由一种或两种以上运输线路交叉与衔接而成，共同处理旅客和货物的转移、到发和换乘。交通枢纽依靠客运站、港口、机场以及相应的运载工具等为旅客和货物提供全程运输服务。

交通枢纽通常位于两种以上交通方式的交会处，是客货流的重要集散地，它受到当地经济、政治、人口、文化和社会发展因素的影响而形成，反过来，交通枢纽也会促进地区与地区之间、地区与城市之间的联系和发展。因此交通枢纽往往位于大城市以及发达地区的航空港、码头、火车站等地。

### 2. 交通枢纽的种类

1) 按交通方式分类

(1) 单一交通枢纽。单一交通枢纽是只服务于一种交通方式的枢纽，它由同一交通方式的两条以上干线组成。

(2) 综合交通枢纽。综合交通枢纽是服务于两种或两种以上交通方式的枢纽，它主要执行协调和组织运输等职能，是国家综合交通体系的重要组成部分之一。

2) 按交通功能分类

(1) 城市对外交通枢纽。城市对外交通枢纽是城市内部客运交通与对外客运交通相互衔接、换乘的设施。城市对外交通枢纽一般是以铁路车站、高速铁路站、城际铁路站或长途客运站为中心的枢纽。

(2) 市内交通枢纽。市内交通枢纽是以轨道交通站为中心或配有多条公交线路车站的城市内部枢纽。

3) 按枢纽的服务对象分类

(1) 客运枢纽。客运枢纽是乘客集散、转换交通方式和线路的场所。

(2) 货运枢纽。货运枢纽是具有跨省市货物集散、中转、存储等功能的运输场所。

4) 按布置形式分类

(1) 立体枢纽。立体枢纽是指枢纽内的交通设施呈立体化布局，地铁、公交、铁路车站分层布置在同一建筑物的不同楼层上，图6.1是重庆菜园坝立体交通枢纽。

(2) 平面枢纽。平面枢纽是指枢纽内的交通设施呈平面布局。

图6.1　重庆菜园坝立体交通枢纽

5) 按客流性质分类

(1) 换乘型枢纽。换乘型枢纽以承担公共交通之间或公共交通与其他客运交通方式之间的换乘客流为主，而区域性集散客流较小。

(2) 集散型枢纽。集散型枢纽以承担公共客运枢纽所在区域的集散客流为主，换乘客流较小。

(3) 混合型枢纽。混合型枢纽是既有大量换乘客流又有大量区域集散客流的公共交通枢纽。

## 6.1.2　交通枢纽的作用

随着社会经济的不断发展和复杂化，交通枢纽的社会价值逐渐增大，已经成为交通体系的重要组成部分，具体体现在以下几个方面。

### 1. 交通一体化

现代城市交通运输的重要特征是交通一体化，通过完善的交通合作，以及多条线路有效衔接的枢纽建设，基本实现了各种交通方式的"零换乘"，为旅客提供了便捷舒适的换乘服务。

### 2. 连接便利化

交通枢纽实现了枢纽之间的连接便利化，从一个枢纽站换乘到另一个枢纽站的行程时间以及行程距离均较短。

### 3. 土地集约化

由于土地机制和城市规划的作用，使得交通枢纽均采用高密度集中的发展模式，有利于提高土地利用的集约化水平。

### 4. 功能综合化

交通枢纽的功能逐渐趋于多样化和综合化，其功能不局限于客、货运输，还包括商业、办公、娱乐等服务项目。

**5. 带动区域快速发展**

交通枢纽的建设可以带动其周边土地的商业潜力,对周边土地的开发、建设大型综合设施、实现区域快速发展有重要影响。

**6. 促进城市经济发展**

交通枢纽区既可以作为交通节点,也可以作为经济节点,促进城市经济发展和相关产业崛起,进一步促进整个城市地区空间结构的发展。

**7. 作为城区共同发展的桥梁**

交通枢纽建设有利于改善所连接周边城市街区的交通条件,促进区域内城市的共同发展。

**8. 提升门户形象**

交通枢纽通常被打造为城市的"门户景观点",可展示城市形象,这有利于城市营销以及增强城市竞争力。

## 6.1.3 交通枢纽与城市道路的布置方式

在城市规划中,交通枢纽和城市道路布置的协调配合一方面有利于车站和城市地区的管理,另一方面可以促进旅客和货物的快速运输和疏散。更重要的是,可以避免交通枢纽的集散交通流与城市道路发生干扰。

**1. 客运站与城市道路的布置方式**

客运站主要通过站前广场来实现与城市道路的衔接,分为以下5种布置方式。

(1) 广场位于城市道路尽端的布置方式,如图6.2所示。此种方式的广场设置在一条城市道路的尽端,因此广场的人流不受道路车辆和行人的干扰,便于广场上的旅客集散、车辆到发等活动。该方式集散能力弱,不适用于客流集散量大而运输组织复杂的客运站。

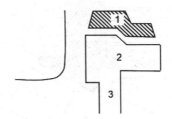

图6.2 广场位于城市道路尽端的布置方式

1-站房;2-广场;3-城市道路

(2) 广场位于城市干道一侧的布置方式,如图6.3所示。此种方式的广场直接与城市干道衔接,位于干道的一侧,广场的人流和车流容易与城市干道的车辆发生交叉干扰,因此要求广场具有一定的进深。该方式集散能力较强，适用于大量客流集散的客运站。

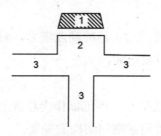

图6.3　广场位于城市干道一侧的布置方式

1-站房；2-广场；3-城市道路

(3) 广场与几条辐射道路相联系的布置方式，如图6.4所示。此种方式的广场与多条呈辐射状的道路相连接，虽然集散能力强，但广场到发的人流和车流需要绕行，增加了运输组织的复杂性。

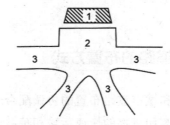

图6.4　广场与几条辐射道路相联系的布置方式

1-站房；2-广场；3-城市道路

(4) 多广场与城市道路相联系的布置方式，如图6.5所示。此种方式中，主站房对应的主广场供旅客和小汽车停留，也可只设置商场等服务场所，副广场供公共交通车辆到发，子站房对应的子广场供旅客和车辆停留。该方式集散能力强，功能多样，流线交叉少。

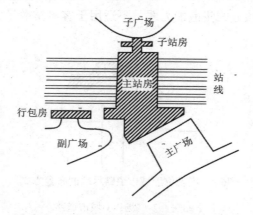

图6.5　多广场与城市道路相联系的布置方式

(5) 客运站场与城市交通立体布置。为了便于旅客乘降，在有地下铁道的城市，客运站可直接与地铁连通，如图6.6(a)所示；还有一种情况，将客运站伸入市中心的地下，在地下可设置多层客运站，这样可以避免与城市交通的干扰，如图6.6(b)所示。

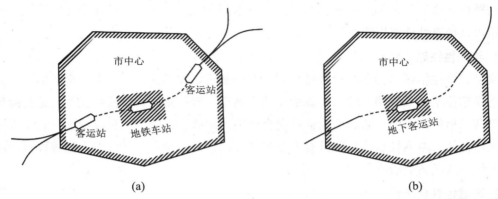

图6.6 客运站场与城市交通立体布置

### 2. 货运站或货场与城市道路的布置方式

货运站或货场与城市道路的布置方式如图6.7所示。综合性货运站或货场进、出口处应修建辅助道路，与城市货运干道相连接，以避免将货场直接布置在城市干道旁侧。货运站的道路应与铁路线路平行布置，附近应有相应的市内交通运输停车场。

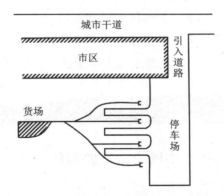

图6.7 货运站或货场与城市道路的布置方式

# ⊕6.2 铁路枢纽

铁路枢纽是指在铁路网的交会点或终端地区，由各种铁路线路、专业车站以及其他为运输服务的有关设备组成的总体。铁路枢纽是与国民经济各部门联系的重要环节，是交通枢纽的主要组成部分，它将铁路网与城市、部门联系起来，办理与铁路车站有关的客货业务、列车运转和技术作业。此外，还需要为车辆提供维修和维护作业。

## 6.2.1 铁路枢纽的分类

铁路枢纽按在铁路网上的地位和作用，可以分为三类：路网性铁路枢纽、区域性铁路枢纽以及地方性铁路枢纽。

### 1. 路网性铁路枢纽

路网性铁路枢纽是指承担整个铁路网的客、货运量和车流组织任务的交通枢纽。此类枢纽通常位于多条铁路干线交叉或衔接的大城市，例如京广、襄汉和汉九铁路交会处的武汉铁路枢纽；京哈、京浦两大铁路交会处的天津铁路枢纽等。目前我国共有十大路网性铁路枢纽。路网性铁路枢纽具有专业车站多、设备规模大、通过能力强等优点，能处理大量的跨区域交通流。

### 2. 区域性铁路枢纽

区域性铁路枢纽是指主要承担一定区域范围内的客、货运量以及车流组织任务的铁路枢纽。此类枢纽一般位于干线与支线交叉或衔接的大、中型城市，例如京哈铁路、长图铁路、长白乌铁路、长珲城际铁路交会处的长春铁路枢纽等。区域性铁路枢纽能处理一定区域内的交通流。

### 3. 地方性铁路枢纽

地方性铁路枢纽是指承担某一工业区或港湾等地方的客、货运量以及车流组织任务的铁路枢纽。此类枢纽一般位于大型工业企业和水陆联运地区，例如大连、秦皇岛、大同等地方铁路枢纽。地方性铁路枢纽能办理大量货物装卸作业以及小运转作业。

### 知识窗

## 中国十大铁路枢纽

#### 1. 北京铁路枢纽

北京铁路枢纽是全国最大的铁路枢纽。该枢纽有京广、京沪、京九、京沈、京包、京通等铁路呈辐射状通向全国，并有国际列车通往朝鲜、蒙古国和俄罗斯。

#### 2. 天津铁路枢纽

天津铁路枢纽是北方最大的海陆交通中心，京沈、京沪两大铁路在此交会，并与塘沽新港相连，是北京的外港和门户。

#### 3. 上海铁路枢纽

上海铁路枢纽是东部沿海地区最大的枢纽站。它既是京沪线和沪杭线的终点，又是我国远洋航运和沿海南北航线的中心，客流量和货运量极大。

4. 哈尔滨铁路枢纽

哈尔滨铁路枢纽是东北北部最大的铁路交通中心，有哈大、滨洲、滨绥、滨吉等干线在此会合。该枢纽过境运输量很大，主要运输货物有木材、粮食、煤炭和大豆等。

5. 郑州铁路枢纽

郑州铁路枢纽地处我国中原地带，陇海、京广两大干线在此相交，沟通了东西南北十几个省的货物运输，是全国铁路网的"心脏"。

6. 武汉铁路枢纽

武汉铁路枢纽是京广、襄汉、汉九(江)铁路和长江、汉水航运交会的交通中心，素有"九省通衢"之称，以水陆中转联运为其特色。

7. 沈阳铁路枢纽

沈阳铁路枢纽是东北南部最大的铁路交通中心，有哈大、京沈、沈丹、沈吉等干线在此交会，过境运输量为东北之冠。

8. 广州铁路枢纽

广州铁路枢纽是我国华南的水陆交通中心，京广、广深铁路与珠江航运在此相交。黄埔港是广州的外港，经过这里的海内外旅客和进出口货物流通量很大。

9. 兰州铁路枢纽

兰州铁路枢纽位于全国的几何中心，有陇海、兰新、包兰、兰青4条铁路干线在此交会，客货周转量很大。该枢纽是连接内地与边疆的要冲，战略地位十分重要。

10. 重庆铁路枢纽

重庆铁路枢纽在成渝、襄渝、川黔3条铁路干线以及长江和嘉陵江航线的交会处，它是西南地区最大的水陆联运中心。

资料来源：中国十大铁路枢纽[EB/OL]. https://www.sohu.com/a/154905374_100941.

## 6.2.2 铁路枢纽的布置类型

铁路枢纽的线路、站场复杂，会对城市造成干扰或分割。因此，应根据城市的不同发展需要，选择不同的铁路枢纽布置类型。铁路枢纽根据枢纽内车站、线路等设施的相互位置关系，可以分为一站铁路枢纽、三角形铁路枢纽、十字形铁路枢纽、顺列式铁路枢纽、并列式铁路枢纽、环形铁路枢纽、尽端式铁路枢纽、混合式铁路枢纽。

### 1. 一站铁路枢纽

一站铁路枢纽一般由一个可以兼办客运、货运、改编作业的综合铁路车站和三四条引入线路组成，如图6.8所示。此种枢纽与城市关系比较简单，通常位于中等城市及小城市。这类枢纽一般只设置一个客货公用车站，客运站房和货场均位于城市一侧，衔接铁路方向不少于3个，且不多于4个。线路引入方向应保证主要车流方向不变更列车运行方向。该布置方式适用于作业量较少、引用线路方向不多、城市规模较小的铁路枢纽。

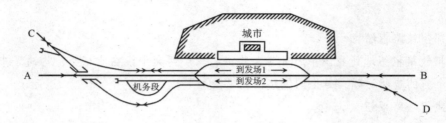

图6.8　一站铁路枢纽

### 2. 三角形铁路枢纽

三角形铁路枢纽是引入的枢纽线路汇集于3点，并在3点之间修建相应的联络线而形成的铁路枢纽，如图6.9所示。其中，AB为主要车流干线方向，C方向的线路原本是引入客货公用站，但C到A之间的车流形成折角车流，为消除折角车流，修建了联络线，使C线路与中间站1接轨，形成三角形枢纽。机务段设在客货公用站，由于在中间站1或中间站2换挂机车不便，可在该中间站设机车整备设备并采用循环运转制。由于编组站不宜临近城市，中间站1可发展成为远期的编组站，并引入新线路D。原客货公用站可转化为客运站，其既有货物运转设备(调车线、到发线等)可转化为地方车流的装卸线、选编线。该布置方式适用于各个引入线路中3个主要方向之间互有大量客货交换车流的情况。

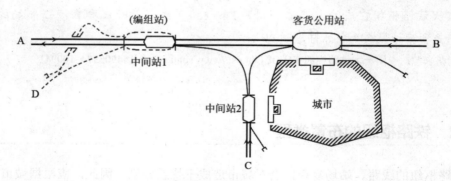

图6.9　三角形铁路枢纽

### 3. 十字形铁路枢纽

十字形铁路枢纽的两条铁路线近似正交，在枢纽中心设有呈十字形的交叉疏解布置方案，车站设在各引入线上，如图6.10所示。当有4个方向的线路引入枢纽时，为减少两条交叉铁路干线的相互干扰，可修建跨线桥，使两条干线呈十字交叉，进而形成十字形铁路枢纽。当有第5条铁路干线E被引入枢纽时，应将其与车流方向近似的既有干线C合并引入，这样不会改变十字形枢纽的结构。该布置方式适用于衔接两条近似于垂直交叉的线路，且各自线路上具有大量的客货流通过，而相邻线路交换车流很小的枢纽。

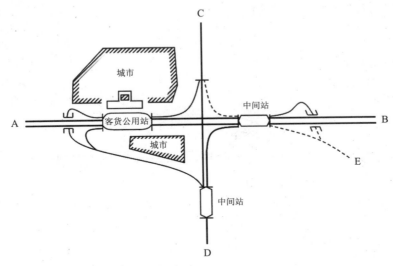

图6.10 十字形铁路枢纽

### 4. 顺列式铁路枢纽

顺列式铁路枢纽的客运站、货运站、编组站等都按顺序纵向排列布置在枢纽内同一条伸长的通道上，如图6.11所示。顺列式枢纽多受地形影响，不得不设置在傍山、沿河等狭长地带。此种枢纽的引入线路一般在枢纽的两端会合，顺向车流可通过纵向通道运行，折角车流宜在枢纽前方组织分流而不进入枢纽，这就要求在枢纽两端引入线会合处设置编组站或联络线等设施。

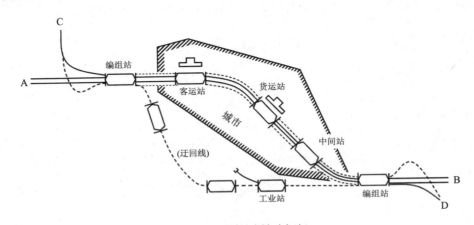

图6.11 顺列式铁路枢纽

### 5. 并列式铁路枢纽

并列式铁路枢纽的编组站与客运站平行布置在并列的两条通道上，衔接的线路既按线路又按客货分别引入编组站和客运站，如图6.12所示。此种枢纽的编组站在城市边缘，客运站在市区范围内，客货分线，枢纽通过能力大，货车对城市干扰小，编组站和客运站在纵向、横向上选址有较大活动余地。该布置方式适用于客货运量都很大而当地条件又适合并列布置两个专业站的枢纽。

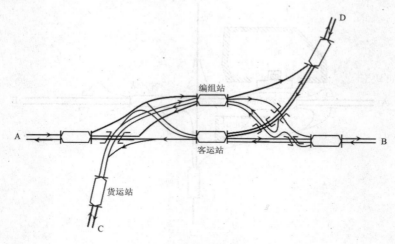

图6.12　并列式铁路枢纽

### 6. 环形铁路枢纽

环形铁路枢纽的引入线路方向较多，其用环形线路将所有线路方向连接起来形成一个整体，如图6.13所示。此种枢纽的各专业车站主要分布在环线上，货运站可以设在铁路支线尽端，以深入市区与城市工业发展配合；也可设于环线以外，满足国防工业的保密、安全的需要。铁路线路以双向进路引入环线，以消除折角车流并增强了进路的灵活性。两客运站之间用地下直径线相连，以方便乘客换乘。该布置方式适用于引入线路多且方向分散，各线路间交换车流复杂而要求列车运行路径机动灵活的枢纽。

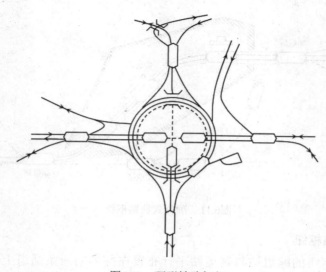

图6.13　环形铁路枢纽

### 7. 尽端式铁路枢纽

尽端式铁路枢纽位于铁路网的起点或终点地区，各专业车站可顺利或并列分置，编组站位于枢纽的出入口处，如图6.14所示。内陆地区的尽端式枢纽往往是枢纽初期的存在形式，随运网扩展将演变成其他类型的枢纽。当作业量较大、编组站负荷较重时，此类枢纽可修建绕过编组站的通过线以增强通过能力。该布置方式一般设在大港湾、大工业区或采矿区等有大宗货流产生及消失的地区。

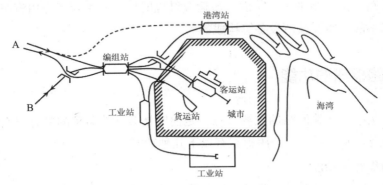

图6.14　尽端式铁路枢纽

### 8. 混合式铁路枢纽

混合式铁路枢纽是在路网发展、城市改建、车流条件和自然条件等多种因素的影响下逐步发展形成的，如图6.15所示。此类枢纽保留了三角形、顺列式及环形枢纽的特点并将其综合在一起。该布置方式适用于城市规模大，工业企业布置分散，引入线路多，客货中转运量及地方车流运量大，需多处设专业站的枢纽。

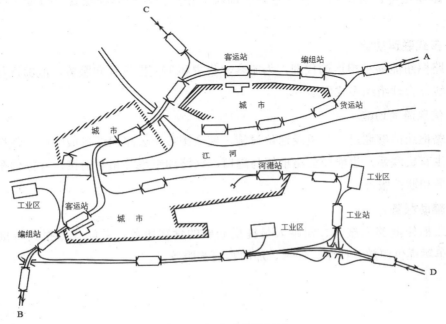

图6.15　混合式铁路枢纽

# ⊕ 6.3  公路枢纽

公路枢纽是在公路运输网络中两条或者两条以上交通干线交会的场所，是城市对外交通的桥梁和纽带，并与城市交通系统有着密切的联系。公路枢纽作为交通运输的生产组织基地和公路运输网络中客货集散、转运及过境的场所，由若干专用汽车客、货车站和连接这些车站的公路及技术设备等构成。

## 6.3.1  公路枢纽的功能

公路枢纽是综合运输网络的重要节点，是面向社会开放服务的具有一系列基本功能的客货运站场及其服务系统。公路枢纽有以下几种功能。

### 1. 运输组织管理功能

公路枢纽具有对公路运输市场和公路枢纽内部站场、车辆、客货流进行组织管理的功能。

### 2. 中转换乘与换装功能

公路枢纽能够为货物中转、因储存需要而进行的货物换装提供服务，也能供旅客进行中转换乘。

### 3. 装卸存储功能

公路枢纽可在货运站内进行各种装卸搬运作业，实现储存保管，以便于货物的集疏运。

### 4. 多式联运功能

公路枢纽能够承担运输代理，为旅客、货主和车主提供双向服务，能够选择最佳的运输路线，合理组织多式联运。

### 5. 信息流通功能

公路枢纽能够通过计算机及通信设施，使全国各个公路枢纽形成网络，使枢纽内各站场产生有机联系，也能使公路枢纽与港口、铁路和空港等相互衔接，并提供车货配载信息服务和通信服务。

### 6. 辅助服务

公路枢纽能够为旅客、司乘人员提供必要的食宿服务，并能代办报关、报检和保险，为车辆提供停放、检测、保修、加油和清洗服务。

## 6.3.2 公路枢纽的分类

公路枢纽根据不同的划分形式，可以分为不同类型。

**1. 按运输对象分类**

(1) 公路客运枢纽。公路客运枢纽专门承担旅客运输，是集旅客到达、出发、换乘其他运输方式和线路等功能于一体的枢纽。

(2) 公路货运枢纽。公路货运枢纽专门承担货物运输，是集货物中转、集散、储存、装卸等多个功能于一体的枢纽。

(3) 公路综合客货运枢纽。公路综合客货运枢纽集合了以上两种枢纽的功能。

**2. 按所在层级分类**

(1) 国家级公路运输枢纽。国家级公路运输枢纽是位于重要节点城市的国家级公路运输中心，与国家高速公路网共同构成国家最高层次的公路运输基础设施网络。

(2) 区域级公路运输枢纽。区域级公路运输枢纽位于省际接壤地区人民政府所在城市的公路骨架与干线公路交会处，主要经营跨省、跨区和区内客货运输业务。

(3) 地区级公路运输枢纽。地区级公路运输枢纽位于县(市、旗)人民政府所在地的干线公路与直线公路交会处，主要经营跨区、跨县和县内客货运输业务。

**3. 按服务对象分类**

(1) 公共公路运输枢纽。公共公路运输枢纽是指主要为各类不同的运输经营者和运力拥有者提供客货运输服务的枢纽。

(2) 自用公路运输枢纽。自用公路运输枢纽主要是指为某一运输企业的营运车辆提供客货运输服务的枢纽。

**4. 按承担客货运业务分类**

(1) 中转枢纽。中转枢纽以办理中转或直通客货运业务为主，地方运输需求较少。此类枢纽一般为大型公路交通枢纽，以办理长途客货运输为主。

(2) 地方性枢纽。地方性枢纽以办理地方作业为主，中转运输需求较少。此类枢纽一般是为地方区域内需求服务的公路交通枢纽，以办理中短途客货运输为主。

(3) 混合枢纽。混合枢纽既能办理大量的地方业务，又能办理相当数量的中转及直通业务。此类枢纽一般为大型枢纽。

**5. 按作用和地位分类**

(1) 公路主枢纽。公路主枢纽是指有两条以上国家干线公路通过，对全国交通布局具有重要战略地位和作用的大型公路城市。

(2) 公路二类枢纽。公路二类枢纽是指在一定区域内，以承担地方客货运输业务为主的枢纽。

(3) 地方性枢纽。地方性枢纽是指县城及少数地级市。

### 6.3.3 公路枢纽的主要设施

公路枢纽包括以下主要设施。

**1. 生产服务设施**

生产服务设施是交通枢纽运营的基础，主要是指为了满足车主、货主在到发、中转等运输生产活动中的各种要求而提供的必要场所和设施。它的主要区域包括车辆作业区、装卸作业区、仓储区、站务管理区等。

**2. 生产生活辅助服务设施**

生产生活辅助服务设施主要为车主、货主、旅客提供全方位的优质辅助服务，以保证运输生产顺利进行，具体包括以下方面。

(1) 生产服务设施，包括汽车维修、保养、加油、清洗和检测设施设备。

(2) 生产人员服务设施，包括为站务、管理、司乘人员提供的生活服务，如食堂、文化娱乐场所等。

(3) 用户服务区域，主要用于满足旅客、车主、货主候车、办理货物托运业务时的商务、问讯、食宿、休息等需求。

**3. 通信信息设施**

通信信息设施是整个枢纽有效运转的中枢神经系统，是各系统相互联系、提高运输效率的重要手段。主要设施包括计算机信息系统、通信系统等。

### 6.3.4 公路枢纽的布局原则和发展趋势

**1. 公路枢纽的布局原则**

公路枢纽是全国综合运输网络的重要节点，是面向社会开发服务的具有一系列基本功能的客货运站场及服务系统。此处以公路主枢纽为例，来介绍公路枢纽的布置原则。

(1) 从国家综合运输网的形成和发展来考虑公路主枢纽的布局，注重公路主枢纽与铁路枢纽、港口主枢纽等之间的合理分工和配合。

(2) 公路主枢纽布局应与公路主骨架布局相吻合，并在能力上达到相互匹配。

(3) 从国情出发，既要考虑到经济发达地区旺盛的运输需求，又要兼顾经济欠发达地区未来的发展。

(4) 需要以城市为核心进行布局规划。

**2. 公路枢纽的发展趋势**

公路枢纽的发展对所处区域交通运输网络的高效运行起着重要作用，具体发展趋势体现为以下几个方面。

(1) 客运枢纽的站场规划应以人为本，尽量做到零换乘。

(2) 客运枢纽的建设应朝"大站场、小站房、公交化、轨道化"方向发展。

(3) 对于货运枢纽，布局应以市场为导向，尽量做到货畅其流。

(4) 货运枢纽建设要向供应链上下游拓展功能，实现"物流化"发展。

# ⊕6.4 城市轨道交通枢纽

轨道交通是指运营车辆需要在特定轨道上行驶的一类交通工具或运输系统。城市轨道交通枢纽是指设在两条及以上轨道交通线路交会处，可供乘客进行换乘的场所和设施，也称换乘站。轨道交通枢纽是单一交通功能建筑或集交通功能和商业开发功能于一身的建筑综合体，其交通功能主要体现为对客流的转移和疏散，轨道交通枢纽的商业开发功能则需根据具体的项目情况而定。

## 6.4.1 城市轨道交通枢纽的功能

城市轨道交通枢纽是解决大城市交通问题的主要手段，其核心功能是换乘，具体包括以下几个功能。

**1. 换乘功能**

城市轨道交通枢纽可供来自不同方向、路线、采用不同交通方式的乘客进行换乘。

**2. 集散功能**

城市轨道交通枢纽可供到达和出发的乘客和车辆实现聚集会合和疏散分流，提供客流和车流组织的相关措施，以保证集散的畅通和安全。

**3. 停车功能**

城市轨道交通枢纽可为来自不同方向、路线的车辆提供固定的停车位置，并配置合理的道路和场地，以供不同性质的车辆分区停放。

**4. 引导功能**

城市轨道交通枢纽可对外来客车进行引导、截流、集中管理，引导市内公交车辆与轨道交通接驳换乘，并吸引个体交通向公共交通转移。

## 6.4.2 城市轨道交通枢纽的分类

城市轨道交通枢纽根据不同的依据，可分为不同的类型。

**1. 按照交通功能分类**

(1) 对外枢纽。对外枢纽位于城市出入口，外部交通线与城市轨道交通线路相连接，其规模与城市发展形态、经济文化活动等相适应。

(2) 市内枢纽。市内枢纽主要为城市内部区域间或区域中心与对外枢纽的客流交换服务，一般设在城市内主要客流集散点，有多种交通方式、多条线路交会点，对通畅、便捷的要求较高。

(3) 特定设施处枢纽。特定设施处枢纽设置在特定场所，如体育馆、剧院、会展中心等，其在某时间段内集散强度大，可以满足人们的文化娱乐需求。

**2. 按照交通方式分类**

(1) 方式换乘枢纽。方式换乘枢纽是轨道交通与城市常规公交、铁路、水运、航空运输等线路相互衔接的客运枢纽。

(2) 线路换乘枢纽。线路换乘枢纽主要指轨道交通线路之间，包括地铁、轻轨、郊区快速路的交会枢纽。

**3. 按照交通组织分类**

(1) 首末站换乘枢纽。首末站换乘枢纽通常包括多条轨道交通的首末站，并设有停车、候车、调度以及有关指示标志等。

(2) 中途站换乘枢纽。中途站换乘枢纽位于通达性高、多条线路交会的路网节点，为多条线路提供换乘服务。

**4. 按照布置形式分类**

(1) 立体换乘枢纽。立体换乘枢纽的站场为地上或地下多层结构形式，适用于交通方式复杂、用地受到限制的地方，同时可与综合性配套服务如商业、娱乐活动场所相协调。

(2) 平面换乘枢纽。平面换乘枢纽的设施布置在地面，其规模视换乘需求而定。

**5. 按服务区域分类**

(1) 都市级换乘枢纽。都市级换乘枢纽是指吸引全市范围和对外交通客流的枢纽，如火车站、航空港、客运港等大型出入口。

(2) 市-郊级换乘枢纽。市-郊级换乘枢纽是指连接卫星城市与室内轨道交通线路及公交线路的客运枢纽，以及城内交通中心处的枢纽。

(3) 地区级换乘枢纽。地区级换乘枢纽是指设在地区性区域中心轨道交通客流集散点的枢纽。

## 6.4.3 城市轨道交通枢纽的规划

**1. 轨道交通枢纽规划要素**

在进行轨道交通枢纽规划时，需要考虑4个因素：人、车、路、场。

(1) 人是客流生成的基本要素，规划时应注重"以人为本"，为乘客提供舒适、快速、高质量的服务。

(2) 车是车流生成的基本要素，规划时应参考各车辆的载客能力、速度、舒适等标准。

(3) 路是客流和车流组织的基本要素，规划时应考虑其流动的路径、道路的通过能力等技术条件。

(4) 场是枢纽的场地和选址，包括建筑规模、景观、环境影响等控制要素。

**2. 轨道交通枢纽规划原则**

在规划轨道交通枢纽时应遵循5项原则：网络化原则，城市化原则，发展原则，环保原则以及人性化原则。

(1) 网络化原则。在设计轨道交通枢纽时，要全面了解本地区的交通状况和发展现状。以此为基础，可以对轨道交通枢纽进行合理的功能定位。

(2) 城市化原则。在城市中，尤其是人口密度较大的大城市，轨道交通枢纽的规划和设计需引入城市设计理念。

(3) 发展原则。轨道交通枢纽的建筑应根据实际需要的变化来改变其功能定位。

(4) 环保原则。在设计和规划轨道交通枢纽时，必须考虑到交通工具会产生噪声、废气等会对城市环境产生影响的负面因素。

(5) 人性化原则。在轨道交通枢纽的设计中，还需考虑的是乘客在枢纽内出发、换乘、抵达等活动的便利性以及舒适性。

# 6.4.4 城市轨道交通枢纽的换乘方式和布置方式

城市轨道交通枢纽的布置方式与轨道线路之间的换乘方式、相交的线路等有密切关系。

**1. 城市轨道交通枢纽的换乘方式**

1) 站台直接换乘

站台直接换乘是指两条不同线路的站线分设在同一个站台的两侧，乘客可通过站台或连接站台的天桥或地道换乘到另一条线路。此种换乘方式换乘线路短，没有换乘高度的损失，乘客换乘方便。一般适用于两条线路平行交织，而且采用岛式站台的车站。

2) 站厅换乘

站厅换乘是指乘客由一个车站的站台通过楼梯或自动扶梯到达另一个车站的站厅或两站共用的站厅，再由这一站厅通往另一个车站的站台的换乘方式。站厅换乘一般用于相交车站的换乘，换乘距离比站台直接换乘要长，在很多情况下，乘客在垂直方向上要往返行走，会带来一定的高度损失。站厅换乘一般适用于侧式站台间换乘，或与其他换乘方式组合应用。

3) 通道换乘

通道换乘是指当两线交叉处的车站结构完全脱开，车站站台相距较远或受地形条件限制不能直接设计站厅换乘时，在两站间设置单独的换乘通道的一种方式。通道换乘方式布置较为灵活，对两线交角及车站位置有较强的适应性。换乘通道一般应尽可能设置在车站的中部，并避免和出入站乘客交叉。

4) 站外换乘方式

站外换乘方式是指两线交叉处无车站或两车站相距较远，乘客在车站付费区以外进行换乘的一种方式，也可用于高架线与地下线之间的换乘。

5) 组合式换乘

组合式换乘采用两种或多种换乘方式组合，以完善换乘条件，方便乘客使用。此种换乘经常采用的方式是同站台换乘方式辅以站厅或通道换乘方式，这样可使所有的换乘方向都能换乘；或站厅换乘方式辅以通道换乘方式，这样可以减少预留工程量。

**2. 城市轨道交通枢纽的布置方式**

轨道交通枢纽主要以换乘功能为核心功能进行布置，具体方式有"一"字形布置、"L"形布置、"T"形布置、"十"字形布置和"工"字形布置。

1) "一"字形布置

"一"字形布置是指两个车站上下重叠设置，如图6.16所示。此种布置一般采取站台直接换乘或站厅换乘方式。

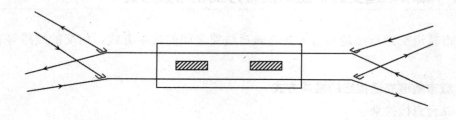

图6.16 "一"字形布置

2) "L"形布置

"L"形布置是指两个车站的平面位置在端部相连，构成"L"形，如图6.17所示，高差要满足线路立交的需要。此种布置一般在相交处设站厅进行换乘，也可根据客流情况，设通道进行换乘。

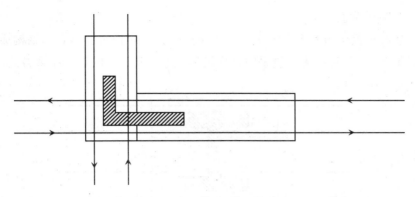

图6.17 "L"形布置

3)"T"形布置

"T"形布置是指两个车站上下相交,其中一个车站的端部与另一个车站的中部相连,在平面上构成"T"形,如图6.18所示。此种布置一般可采用站台或站厅换乘方式。

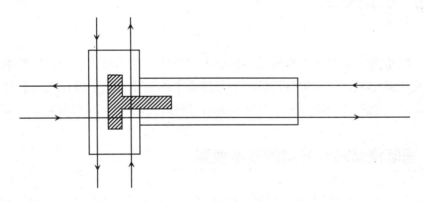

图6.18 "T"形布置

4)"十"字形布置

"十"字形布置是指两个车站在中部相立交,在平面上构成"十"字形,如图6.19所示。此种布置一般可采用站台直接换乘或站厅加通道换乘方式。

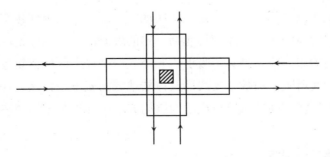

图6.19 "十"字形布置

5) "工" 字形布置

"工" 字形布置是指两个车站在同一水平面设置,以换乘通道和车站构成 "工" 字形,如图6.20所示。此种布置一般采用站厅换乘或站台到站台的通道换乘方式。

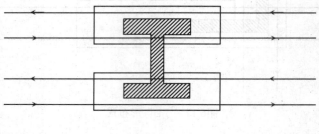

图6.20 "工" 字形布置

# 6.5 水运枢纽

目前,大型港口正在转型为集装箱枢纽港。因此,在本节 "水运枢纽" 中,主要介绍国际集装箱枢纽港。国际集装箱枢纽港是指整个集装箱运输以跨洋干线航线为主,集装箱不需要到其他港口中转或仅有少量集装箱需要到其他港口中转的港口。

## 6.5.1 国际集装箱枢纽港的基本要素

国际集装箱枢纽港有3个基本要素,即区位、经济腹地与现代化的集疏运网络。

### 1. 区位

区位作为国际集装箱枢纽港第一个基本要素,应当具有优越性和战略性,具体体现为与世界经济及本国经济发展的重心区域重合。

### 2. 经济腹地

国际集装箱枢纽港的第二个要素是经济腹地的广阔性。在现代化交通条件下,经济腹地除了包括一定的内陆区域,还应当包括一定的近海区域乃至一定的远洋区域。具体来讲,国际枢纽港的腹地应该是其所吸引的一个或一个以上区域枢纽港;而一个区域枢纽港的腹地又包括其所吸引的数个支线港及内陆地域的若干中转站。这些不同等级层次的港站及其吸引的经济空间地域所组成的网络构成了国际集装箱枢纽港经济腹地的特定内涵。

### 3. 现代化的集疏运网络

现代化的集疏运网络是国际集装箱枢纽港的第三个基本要求,这个集疏运网络既包括连接港口至内陆腹地的陆(铁路、高速公路、管道)、水(内河)、空综合运输系统，也包括连接港口与近海、远洋区域的海(近海与远洋国际航线)、空运输系统，从而使该港口成为内陆经济腹地货物的主要进出口岸，以及国际与区际物流的转运口岸。

## 6.5.2 国际集装箱枢纽港具备的条件

港口的发展受诸多因素的影响，能否成为国际集装箱枢纽港，需要具备多个条件。从位居世界前列的国际集装箱枢纽港发展状况看，这些条件主要包括以下几个方面。

### 1. 港口条件

(1) 港口的交通地理位置。港口拥有良好的交通地理位置是基本的前提条件，主要包括：港口位于国际航线的经过处；以港口为核心的交通辐射范围包括一定的经济腹地；港口是衔接多种运输方式的枢纽。

(2) 泊位水深和港口气象条件。泊位水深将直接影响来港停靠的船舶吨位，在集装箱干线由3000TEU、4000TEU向5000TEU乃至6000TEU发展的过程中，港口的泊位水深能否满足船舶大型化的发展成为关键所在。此外，港口的气象条件也会给港口生产的经常性带来影响。

(3) 基础设施条件。港口的集装箱装卸桥、泊位、堆场等基础设施是港口提供服务的物质基础，它们的数目或面积能否满足客户的需要，也决定了港口在国际航运中的地位。

### 2. 港口的服务质量和管理水平

当今国际性枢纽港在服务和管理上呈现以下发展势头。

(1) 以发达的通信网络实现快速信息传递、动态跟踪、查询等信息服务，以先进的计算机管理为手段，根据快速、准确、无误的原则，为港口客户——航运公司提供服务。

(2) 为充分发挥集装箱运输的优势，港航之间联营加强，国际航运公司纷纷在航线上重要的港口设立本公司的专用集装箱码头，而港口能否受到航运公司的青睐，关系到港口的生存和发展。

航运公司选择挂靠港口的标准包括两个方面：港口的自然条件和管理服务水平。此外，港口在提供快捷、方便的装卸、仓储、加工、集疏运等全方位的物流服务的同时，降低港口的费收水平也是加强竞争的有力措施。

### 3. 港口的经济环境

经济环境主要包含三个方面：投资的充足性，周边和腹地经济的发展需求，全球经济和贸易的宏观气候。

### 6.5.3 国际集装箱枢纽港的分类

在世界集装箱枢纽港的形成和发展过程中，由于受国际航线的地位、腹地范围和经济发展水平、港口自身的条件及依托城市等诸多因素的影响，形成了不同类型的集装箱枢纽港。

**1. 中转型枢纽港**

中转型枢纽港是指供主要国际远洋货物集装箱进行中转的枢纽，它是通过集散其周边的支线港集装箱而发展起来的，其发展主要依赖独特的区位条件。世界中转型集装箱枢纽港口有中国香港、新加坡等。

**2. 腹地引致型枢纽港**

腹地引致型枢纽港主要依赖区位优势、开放的港口政策、完善高效的内陆网络发展起来的。这类港口主要地处美国和欧洲的海岸，港口的发展完全依赖强大的腹地经济和完整、高效的内陆运输网络体系，以维持较大规模的集装箱吞吐量，使得大型干线集装箱班轮能在此靠泊，从而成为枢纽港。腹地引致型枢纽港主要有纽约、洛杉矶、奥克兰、长滩、鹿特丹、汉堡等。

**3. 复合型枢纽港**

复合型枢纽港的形成和发展具有中转型和腹地引致型枢纽港的一些共同特征。复合型枢纽港在其发展的初期主要依靠港口腹地形成规模，从而成为该区域的集装箱港，在此基础上成为其他支线港的中转港。复合型枢纽港地处东亚地区，如釜山、东京、神户等。

## ⊕6.6 航空枢纽

航空枢纽是指在航空运输网络中具有重要中转功能和组织功能的大型航空港，在现代旅客运输，尤其是远程旅客运输中发挥重要作用。以机场为核心的综合交通枢纽能够提高城市在综合交通运输体系中的地位，同时吸引相关产业集聚，形成航空城，为城市经济发展发挥更重要的作用。

### 6.6.1 枢纽机场的优势和建设条件

枢纽机场是指国际、国内航线密集的机场，可供旅客方便地中转到其他机场。枢纽机场既是国家经济发展的需求，也是航空港企业发展的需求。

**1. 枢纽机场的优势**

枢纽机场是中枢航线网络的节点，是航空客货运的集散中心，其主要特征包括高比例的中转业务和高效的航班衔接能力。枢纽机场主要有如下优势。

(1) 促进机场业务量的提高，吸引更多的航班到机场中转。

(2) 增强机场的航空性，增加机场的非航空性收入。

(3) 带动周边地区经济及相关产业，如餐饮、旅游服务等第三产业的发展。

(4) 便捷的服务能够刺激航空运输需求，为周边支线机场的发展创造条件。

**2. 枢纽机场的建设条件**

建设枢纽机场需要一定的条件，具体包括以下几个方面。

1) 优良的地理位置

机场所在位置应有利于航空公司采用中枢航线布局模式。它既要考虑航程的经济性，又要考虑到潜在的发展市场，还要与未来的发展战略相联系。

2) 巨大的空运市场和中转需求

建立枢纽机场的条件之一是当地应具有较大的空运市场需求和中转国际旅客和货物的潜在需求。在国外一些门户机场，国际中转客货的比重一般要占到该机场吞吐量的30%以上。高比重的国际客货中转量是枢纽机场的重要标志之一。

3) 完备的机场中转设施

完备的机场中转设施包括多条跑道的飞行区、流程合理的中转设施、先进的航班信息系统及相关配套服务等。

4) 实力雄厚的基地航空公司

实力雄厚的基地航空公司表现为运力充足、机队结构合理、能满足干线和支线需要，且拥有国内甚至国外骨干航空公司作为合作伙伴。当一家公司运力不足时，还可联合其他航空公司的力量。

5) 稳定、协调的部门协作关系

稳定、协调的部门协作关系是指枢纽机场与基地航空公司、空中交通管制、海关、边检等各个部门间的密切协作。

6) 宽松的政策法律环境

宽松的政策法律环境是指政府创造宽松的经营环境，以便航空公司在航线、票价、机型、航班时刻等方面拥有适度的决策权，而机场在设计流程、收费标准和经营项目方面享有一定的自主权。

## 6.6.2 枢纽机场的分类

根据国际政策导向等因素，我国枢纽机场可划分为以下三个类型。

### 1. 大型复合枢纽机场

大型复合枢纽机场需满足以下标准。

(1) 国际旅客占吞吐量10%以上。

(2) 中远期规划容量为4500万人次以上。

(3) 跑道数量不少于3条。

(4) 旅客吞吐量占全国总量的5%以上。

### 2. 大型枢纽机场

大型枢纽机场需满足以下标准。

(1) 年旅客吞吐量为1500万～2000万人次。

(2) 中远期规划容量为1500万～4500万人次。

(3) 跑道数量不少于2条。

(4) 旅客吞吐量占全国总量的2.5%～5%。

### 3. 中型枢纽机场

中型枢纽机场需满足以下标准。

(1) 城市经济总量和人口规模大。

(2) 该机场是区域航线网络的重要节点。

(3) 年旅客吞吐量为500万～1500万人次。

(4) 旅客吞吐量占全国总量的0.5%～2.5%。

## ⊕6.7 交通枢纽的流线疏解

交通流线是行人、车船、货物在一定范围内集散活动，形成的流动过程和流动轨迹。交通枢纽是多种交通方式和路线的交会点，难免会存在流线交叉，即存在枢纽内的道路与道路、道路与铁路或道路与其他交通设施产生的交叉，因此需要依据科学的理论、合理的方法对交叉点进行疏解。

### 6.7.1 交通流线的分类

交通流线根据不同的划分依据，可分为不同的类型。

#### 1. 根据对象分类

(1) 旅客交通流线。旅客交通流线是以步行作为基本交通方式进行活动所产生的流动轨迹。旅客交通流线又包括进站旅客流线、出站旅客流线、长途旅客流线、短途旅客流线等。

(2) 车船交通流线。车船交通流线是以车辆、有轨列车、船舶、飞机等作为交通工具所形成的交通运输流线。车船交通流线包括道路交通流线、有轨运输交通流线、水路运输交通流线、航空运输交通流线等。

(3) 货物交通流线。货物交通流线是指货物在货流中心、货运站等以相同或不同的运输方式进行转运、换装所形成的交通流线。货物交通流线包括港口站由铁路卸车的货物到船舶装船的货物流线、到站货物经由传送带输送到堆码场的货物流线等。

**2. 根据交叉干扰情况分类**

(1) 平行流线。平行流线的交通流线之间没有交叉，不占用共同的线路设备，可以同时平行作业，如图6.21所示。

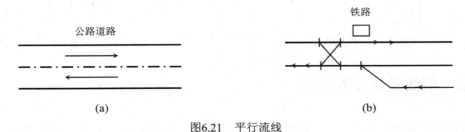

图6.21 平行流线

(2) 会合流线。会合流线由两个或两个以上不同方向的交通流汇合成一个方向，如图6.22所示。此种流线在同一时间内会互相妨碍，不能同时运行。

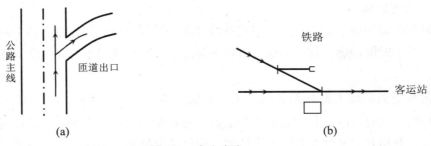

图6.22 会合流线

(3) 分歧流线。分歧流线的交通流由一个方向分成两个不同的方向，如图6.23所示。此种流线在同一时间内，一个交通实体只能选择一个方向。

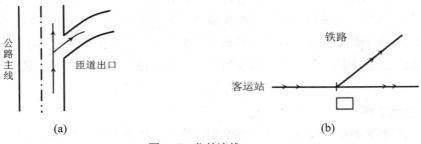

图6.23 分歧流线

(4) 交织流线。交织流线是指交通流从两个不同的方向进入交叉点，然后因去向发生变化，先合后分，如图6.24所示。

(5) 交叉流线。交叉流线是指交通流线从两个不同的方向进入交叉点，然后按两个不同的方向离开交叉点，这时一个方向的交通流线与另一个方向的交通流线形成交叉，如图6.25所示。

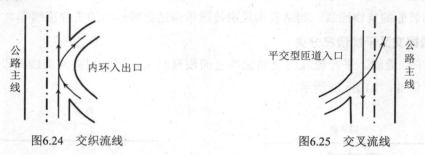

图6.24　交织流线　　　　　　　　图6.25　交叉流线

## 6.7.2　流线交叉点的疏解

流线交叉点的疏解是为了改进流线交叉的性质，减轻交叉的负荷及消除流线交叉所采取的措施。流线冲突可以通过调整时间、空间的某一方面来进行疏解，具体可分为时间疏解和空间疏解。

### 1. 时间疏解

时间疏解是指对交通对象占用道路的时间加以综合控制和计划，避免对同一路由点的使用发生时间冲突，有计划地通过时段分配使各冲突流线顺利通过共同路由点的各项措施。

日常交通拥堵大部分都是由交叉口的通行能力不足造成的，因此信号交叉口成为路网规划、建设、改造和交通治理的重点。通常采用的疏解方法是通过设置交通信号机的时间，对相互交叉的交通流加以控制。通过信号控制，加快了车辆在交叉口的通行速度，避免了无序状态下的相互干扰和堵塞，提高了安全性，从而增加交通容量。我国大多数城市道路信号交叉口采用多相位信号控制，基于我国城市信号交叉口的交通流现状，越来越多的信号交叉口设置了左、右转专用车道，以改善交通拥堵的状况。

例如，大型高速铁路客运站常衔接多条高速铁路线路，由于多方向列车的进路冲突会产生"咽喉干扰"，车站可以调整两列产生干扰的列车的到发时刻，从而实现疏解。此外，航空运输中同一航路飞机流线的冲突，可以通过控制飞机飞行前后时间间隔进行疏解。

### 2. 空间疏解

空间疏解是对交通对象占用的路线加以分割，从而实现冲突疏解的各项措施。空间疏解主要包括平面交叉疏解和立体交叉疏解两种形式。

1) 平面交叉疏解

(1) 平面交叉点分散布置方式。平面交叉点分散布置方式即将原来集中在一个交叉点相互交叉的交通流线通过流线的平面变形，使集中的交叉分散布置在几个交叉点或交织区内，从而分散交叉点位置，避免交叉重叠，降低产生堵塞的概率。

例如，在平面道路交叉处修建环岛，如图6.26所示，以任何方向而来的交通流量进入环岛后，均需沿环岛的中心圈以单一方向旋转行驶，直至转向所需的行驶方向而离开，这样可减少交通冲突点，提高交通安全系数。

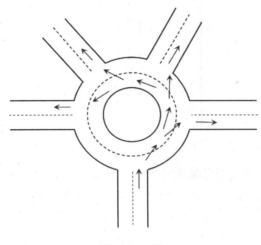

图6.26　环岛

又如，铁路上的闸站一般设在枢纽前方的线路所，主要用于铁路交叉点的列车避让。闸站通过增设必要的配线，可将不同方向的进路交叉分散布置在车站的两端，如图6.27所示，图中的铁路双线A—B与单线C—D形成交叉点，该闸站在两条正线中间设置了待避线3，这样便于单线列车短暂停车，避让双线经过正线的列车。

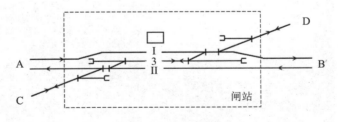

图6.27　铁路闸站

(2) 平面交叉点增设通道方式。平面交叉点增设通道方式即增加交叉点通道，使交叉点能力与相邻路段相适应。

例如，在平面道路交叉处增加机动车道，以增强某方向的车流通过能力，使其和相邻路段相适应。如图6.28所示，两条公路相交，由于交通量大导致右转车流交通延误，可增设右转车道，即通过压缩非机动车道或人行道的方式，在进口道的右侧或同时在出口道的右侧拓宽右转车道。

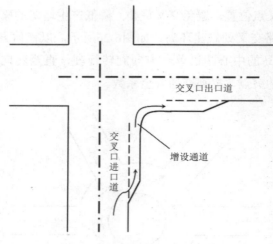

图6.28　公路交叉口增设通道

在铁路枢纽中，增设通道也是缓解干线交通聚集的一种方式，为了使枢纽内线路能力与路网干线能力相适应，有时需在枢纽内增设必要的迂回线，如前文中图6.11顺列式铁路枢纽的迂回线设置。

2) 立体交叉疏解

立体交叉疏解按疏解交通对象的不同，可以分为以下几种形式。

(1) 旅客流线与其他流线的立体疏解。主要采用天桥、地下通道、多层站房(见图6.29)等立体疏解形式。

图6.29　多层站房

(2) 船舶流线与其他流线的立体疏解。主要采用横跨江河的桥梁进行立体疏解，如图6.30所示。必要时，也可采用地下隧道进行疏解。

图6.30　桥梁

(3) 铁路交通流线与城市道路交通流线的立体疏解。一般通过分离式立交进行疏解，如图6.31所示。

图6.31　分离式立交

(4) 城市道路交通流线的立体疏解。一般采用互通式立交进行疏解，如图6.32所示。

图6.32　互通式立交

(5) 铁路交通流线的立体疏解。一般通过跨线桥的方式进行疏解，如图6.33所示。

图6.33　跨线桥

(6) 航空航路立体疏解。可以对不同航路的飞机间隔设置不同的纵向、横向、垂直标准，以此实现疏解。《中国民航报》指出，任何飞机之间的垂直间隔不能小于300m，巡航高度的垂直间隔不能小于610m。飞机之间的水平纵向间隔不能小于8000m，从时间上看，两架同航线、同高度飞机(同方向)的纵向间隔不小于5min。另外，向西飞行的飞机高度层为奇数，向东飞行的飞机高度层为偶数。当高度在6000m以上时，相向两机之间应有600m垂直间隔，同向两机之间应有1200m垂直间隔。

# 【习　　题】

1. 交通枢纽的定义是什么？
2. 交通枢纽有哪些作用？
3. 铁路枢纽的布置类型有哪些？
4. 公路枢纽的类型有哪些？
5. 城市轨道交通枢纽有哪些功能？
6. 城市轨道交通枢纽的布置方式有哪几种？
7. 国际集装箱枢纽港的种类有哪些？
8. 我国枢纽机场的类型有哪几种？
9. 平面交叉疏解和立体交叉疏解的疏解方式有哪些？

# 第 7 章 交通枢纽布局规划

**教学提示**

本章简要介绍了交通枢纽布局的原则和要求，交通枢纽规划的层次和内容，交通枢纽布局规划模型和方法；着重介绍了数学物理模型、运筹学模型、现代交通规划模型三种模型；最后提供了一个城市综合交通枢纽规划实务案例。

**学习目标**

◇ 基本理解交通枢纽布局规划的原则和要求；

◇ 基本理解交通枢纽规划的层次和内容；

◇ 重点掌握交通枢纽布局规划模型和方法；

◇ 学习客运主枢纽布局规划和货运主枢纽布局规划案例。

**知识结构**

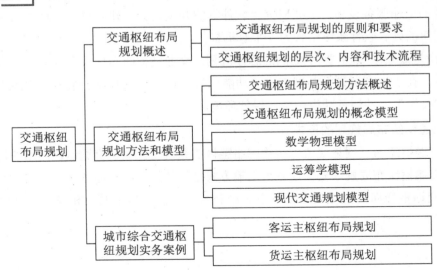

# →7.1 交通枢纽布局规划概述

交通枢纽布局规划主要以城市土地规划为基础，以合理组织城市交通为目的，对交通线路、交通方式和交通工具进行合理配置，实现城市交通的快捷、方便、安全和经济，以取得城市建设和运转的最佳社会效益、环境效益和经济效益，达到运输效率的最大化。

## 7.1.1 交通枢纽布局规划的原则和要求

### 1. 交通枢纽布局规划的原则

交通枢纽布局规划应遵循以下原则。

(1) 充分考虑规划区域(城市)在全国综合交通运输网中的地位。交通枢纽规划建设不仅应从规划区域社会经济发展和交通运输需求出发，还要满足全国经济发展、产业布局和对外开放对全国综合交通网的需要。

(2) 引导需求。交通枢纽布局规划应根据规划区域的发展战略和土地利用规划，积极引导城乡一体化、多中心分散组团式城镇体系的形成和发展，形成合理的交通结构。

(3) 适度超前。从交通经济学的观点看，交通基础设施投资可分为"追随型投资"和"开发型投资"。若交通基础设施建设滞后于经济发展，则会阻碍经济的进一步持续稳定发展；反之，若过分超前，则会降低投资效益，造成投资成本的损失。

(4) 强调多交通方式的综合协调。交通枢纽布局规划应结合铁路、公路、水运和航空等交通方式在整个交通运输体系中承担的任务量的多少，通过交通枢纽的合理布局规划，使各种交通方式有机衔接。

(5) 规划建设和管理运用并重。交通枢纽的布局规划建设既要重视发展"硬件"，建设必要的运输服务设施，又要研究"软件"的开发设计，建立科学合理的组织管理系统，使枢纽的硬、软件系统结合为一个有机整体。

(6) 满足规划区域(主要为城市)的总体规划。交通港枢纽布局规划要符合城市的总体发展规划，在土地利用方面与城市用地功能保持一致，并留有发展余地，做到"新旧兼容，节省投资"，并注意减少污染，保护环境。

### 2. 交通枢纽布局规划的要求

(1) 交通枢纽布局规划要考虑运输网络整体的系统化，服从交通运输网络的规划。

(2) 交通枢纽布局规划要保证各种运输方式之间的协调性和通达性。

(3) 交通枢纽布局规划要方便城市生产和居民生活，尽量避免和减少对城市的不良影响。

(4) 交通枢纽布局规划要考虑生产力布局，在能力上留有余地，以适应社会、经济发展，同时也不能造成浪费。

## 7.1.2 交通枢纽规划的层次、内容和技术流程

**1. 交通枢纽规划的层次**

交通枢纽规划应服从交通运输网的规划，从交通运输网布局的全局出发，合理利用各种运输能力，并考虑枢纽在交通运输网中承担的任务以及与相邻枢纽的合理分工。交通枢纽规划包括以下几个层次。

(1) 分析规划区域中各种交通方式的相互衔接关系，确定交通枢纽的主要功能、性质，以及与不同方式的交通枢纽的相互关系。

(2) 在交通枢纽运转的系统效益最优的前提下，对各种方式的交通枢纽的场站总体布局(数量、位置和规模)进行优化，并对交通枢纽中不同子系统的构成、运营管理进行初步规划和设计。

(3) 在确定交通枢纽场站布局方案后，对交通枢纽建设实施步骤进行规划，以保证交通枢纽的建设适当超前于交通需求的发展，还要避免因交通枢纽建设过于缓慢或超前带来的经济损失。

以上三个层次遵循了交通枢纽总体布局规划的客观规律，从宏观角度切入，循序渐进，具体包括详细的规划布局和实施计划流程。

**2. 交通枢纽规划的内容和技术流程**

1) 内容

在交通枢纽规划原则的指导下，根据交通枢纽的客运量、货运量，确定交通枢纽规划的详细内容以及总体布局规划。交通枢纽规划的主要内容有以下几点。

(1) 确定交通枢纽布局原则。

(2) 分析影响交通枢纽布局的因素。

(3) 确定交通枢纽的理论位置。

(4) 结合实际用地规划进行综合研究。

(5) 确定最终的交通枢纽规划方案。

2) 技术流程

编制交通枢纽规划的工作程序主要包括：确定任务，资料收集与调查，规划大纲编制，规划大纲论证，规划成果编制，规划成果论证和规划报批。具体的技术流程如图7.1所示。

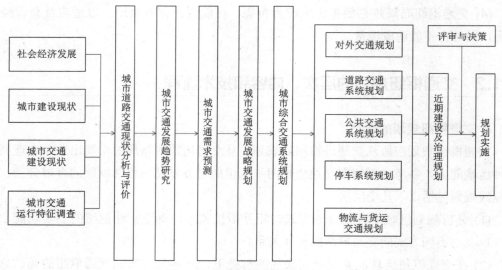

图7.1　交通枢纽规划的技术流程

## ⊙ 7.2　交通枢纽布局规划方法和模型

### 7.2.1　交通枢纽布局规划方法概述

交通枢纽布局是指合理配置枢纽内部各种交通设施，以实现整个交通枢纽的运输效率最大化的目的。交通枢纽所在区域受到交通发生吸引源的分布、交通运输网络特点和自然环境等因素的影响，使得在同样的地域范围和同样的交通运输网络中，布局不同的枢纽站场，会导致不同的交通运输效率和社会经济效益。因此，交通枢纽的合理布局，是根据对社会经济发展和交通需求的预测结果，利用交通规划和网络优化理论和方法，综合考虑交通发生吸引源的分布情况、交通运输条件以及自然环境等因素，对交通枢纽场站的数量、地理位置、规模和其他枢纽的相互关系进行优化和调整。

交通枢纽布局规划通常采用定量计算和定性分析相结合的方法。人们最早采用单纯的数学物理模型，如解析重心法、微分法以及交通运输效益成本分析法等。随着运筹学、物流学的完善和发展，出现了最优化方法，如线性规划、整数规划、混合整数规划。现在人们尝试应用交通规划、交通流理论来反映交通枢纽所在区域交通运输网络的动态变化特性，从枢纽运转机理和枢纽与网络之间的动态关系入手，将交通规划的四阶段理论与物流学的物流网点选址模型和运筹学相结合。

## 7.2.2 交通枢纽布局规划的概念模型

交通枢纽布局规划的基本思想是结合网络设计和规划求解的基本手段和理念，构建交通枢纽规划模型并设计算法，通过对模型进行求解，求出枢纽布局的数目、设计到发量并确定枢纽具体位置等。

**1. 目标函数**

(1) 客运系统。客运系统的目标函数主要表现为旅客追求的目标，主要包括两个方面：旅客在枢纽内停留时间最短，旅客完成出行花费时间最短。

(2) 货运系统。货运系统的目标函数主要表现为货物运输追求的目标，主要包括两个方面：在枢纽内作业费用最少，完成运输花费成本最低。

(3) 技术作业系统。货运系统的目标函数主要表现为设施设备运行追求的目标，即最大的作业能力。

**2. 约束条件**

(1) 客货源的业务需求约束。

(2) 枢纽点运行前期投资成本的约束。

(3) 枢纽后期运营费用的约束。

(4) 用地约束、与周边衔接约束等其他约束。

**3. 概念模型说明**

(1) 旅客在枢纽内的停留时间主要包括购票、候车、托运、换乘或其他业务所需时间等。

(2) 旅客出行时间包括枢纽内停留时间、其他方式乘车时间等。

(3) 货物运输在枢纽内的作业费用主要包括装卸费、换装费、办理相关手续时间消耗费用等。

(4) 货物完成运输成本包括枢纽内作业费用、运输过程费用等。

## 7.2.3 数学物理模型

**1. 一元交通枢纽场站布局的重心法**

一元交通枢纽场站布局是指在规划的枢纽服务范围内只设置一个站点的布局问题。重心法和微分法就是求解一元枢纽场站布局问题的典型模型。

重心法是一种模拟方法，是将运输系统中的交通发生点和吸引点看成分布在某一平面范围内的物体系统，各点的交通发生量、吸引量分别看成该点的重量，物体系统的重心就是枢纽场站设置的最佳点，用求几何重心的方法来确定交通枢纽场站的最佳位置。

设规划区域内有 $n$ 个交通发生点和吸引点，各点的发生量和吸引量为 $W_j$，坐标为 $(x_j, y_j)(j = 1, 2, \cdots, n)$，需设置枢纽场站的坐标为 $(x, y)$，枢纽系统的运输费率为 $C_j$。根据

平面物体求重心的方法，枢纽场站最佳位置的计算公式为

$$\begin{cases} x = \sum_{j=1}^{n} C_j W_j x_j \bigg/ \sum_{j=1}^{n} C_j W_j \\ y = \sum_{j=1}^{n} C_j W_j y_j \bigg/ \sum_{j=1}^{n} C_j W_j \end{cases} \tag{7.1}$$

式中：$(x, y)$——决策枢纽点的平面坐标；

$(x_j, y_j)$——第 $j$ 个交通发生点和吸引点的横纵坐标，$j = 1, 2, \cdots, n$；

$W_j$——各发生点和吸引点的运输量，$j = 1, 2, \cdots, n$；

$C_j$——枢纽系统的运输费率，$j = 1, 2, \cdots, n$。

重心法虽然简单，但它的实用性不强，它将纵向和横向坐标视为独立的变量，与实际交通系统的情况存在较大差距；求解过程考虑的因素过于简单化、理想化，很多问题如系统最优问题、节点到发问题、费率问题等都未考虑，因此求出的解往往是不精确的，只能作为交通枢纽场站布局的初始解。

**2. 一元枢纽场站布局的微分法**

微分法在重心法的基础上，按照系统最优的理念，提出系统总费用最小化。各个交通发生点和吸引点到决策枢纽点间的费用构成系统总费用，在连续的平面区域内，要使得总费用有极小值，则可依托求偏导数的思想解决问题。微分法的前提条件与重心法相同，假设系统的总费用为 $F$，总费用的计算公式为

$$F = \sum_{j=1}^{n} C_j W_j [(x - x_j)^2 + (y - y_j)^2]^{1/2} \tag{7.2}$$

通过对总运费 $F$ 取极小值，即以 $\begin{cases} \dfrac{\partial F}{\partial x} = 0 \\ \dfrac{\partial F}{\partial y} = 0 \end{cases}$ 建立关于 $x$ 和 $y$ 的联立方程组，从而得到

新的极值点，求解公式为

$$\begin{cases} x = \dfrac{\sum_{j=1}^{n} C_j W_j x_j \bigg/ [(x - x_j)^2 + (y - y_j)^2]^{1/2}}{\sum_{j=1}^{n} C_j W_j \bigg/ [(x - x_j)^2 + (y - y_j)^2]^{1/2}} \\[4mm] y = \dfrac{\sum_{j=1}^{n} C_j W_j y_j \bigg/ [(x - x_j)^2 + (y - y_j)^2]^{1/2}}{\sum_{j=1}^{n} C_j W_j \bigg/ [(x - x_j)^2 + (y - y_j)^2]^{1/2}} \end{cases} \tag{7.3}$$

在此基础上，定义一个初始可行解，可用重心法求得，然后采用迭代法，经过 $N$ 次迭代，对所求解进行反馈比较，在 $N$ 个解中找出哪个解使得系统的总费用最少，即为所

求的满意解。

微分法虽然弥补了重心法没考虑系统总费用的缺点，但其一元问题的实质没变，对其他因素也未做更多考虑，而且迭代法求解是有终止的，$N$ 次迭代以后的解可能会更优，因此所求解可能只是局部最优解。

### 3. 成本分析法

成本分析法在已经具有一个枢纽场站位置的选择集的前提下，以枢纽系统的总成本最低为目标，通过简单的财务计算，选择最佳的位置。

该方法假设有 $n$ 个交通发生点，具有的发生量为 $W_1$，$W_2$，$\cdots$，$W_n$，依据一定准则已经得到 $m$ 个备选枢纽场站位置 $P_1$，$P_2$，$\cdots$，$P_m$，每个场站的建设、运营费用为 $R_1$，$R_2$，$\cdots$，$R_m$。假设单位运输费率为 $C_j$，其余运输条件相同，各交通发生点到枢纽场站的距离用矩阵 $D\{d_{ij}\}(i=1, 2, \cdots, m; j=1, 2, \cdots, n)$ 表示，则每个备选枢纽场站的总费用为

$$F_i = R_i + \sum_{j=1}^{n} d_{ij} W_j C_j \tag{7.4}$$

式中：$F_i$——第 $i$ 个备选枢纽场站的总费用，$i=1, 2, \cdots, m$；

$\quad\quad R_i$——第 $i$ 个备选枢纽场站的建设、运营费用，$i=1, 2, \cdots, m$；

$\quad\quad d_{ij}$——第 $i$ 个备选枢纽场站到第 $j$ 个交通发生点的距离，$j=1, 2, \cdots, n$；

$\quad\quad W_j$——第 $j$ 个交通发生点的发生量，$j=1, 2, \cdots, n$；

$\quad\quad C_j$——第 $j$ 个交通发生点到枢纽站场的运输费率，$j=1, 2, \cdots, n$。

计算出每个场站的总费用，从中选择总运输成本最低的点，即可作为最佳场站选址。

成本分析法实际上只是一个简单的场站选址成本比较法，实际上，路网上每个路段的流量不同，其通行时间、运输费用也不同，单一的费率无法反映枢纽运转的实际情况。除具有费用计算的不足外，运用该方法还必须先得到一个待选站点集合，而且面临如何合理划分枢纽所在区域的客货流通服务区、如何得到待选站点初始解等问题。

## 7.2.4 运筹学模型

对多元枢纽场站布局问题进行求解，过程比较复杂，一般采用运筹学模型的混合整数规划法、运输规划模型和CFLP法，从区域货流整体的角度来对交通枢纽的布局进行规划。

### 1. 多元枢纽场站布局的混合整数规划法

设有一个多元枢纽场站的网络结构，如图7.2所示，假设该网络交通系统为一个供需平衡系统，有 $m$ 个发生点 $A_i(i=1, 2, \cdots, m)$，各点的发生量为 $a_i$；有 $n$ 个吸引点 $B_j(j=1, 2, \cdots, n)$，各点的需求量为 $b_j$；有 $q$ 个可能设置的备选场站地址 $D_k(k=1, 2, \cdots, q)$。

发生点发生的运输量可以从枢纽场站进行中转，也可以直接到达吸引点。假定各备选地址设置枢纽场站的基建投资、中转费用和运输费率均为已知，以总成本最低为目标确定枢纽场站布局的最佳方案。

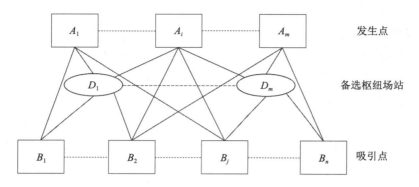

图7.2　多元枢纽场站的网络结构

多元枢纽场站布局的数学模型的目标函数为

$$\min F = \sum_{i=1}^{m}\sum_{k=1}^{q}C_{ik}X_{ik} + \sum_{k=1}^{q}\sum_{j=1}^{n}C_{kj}Y_{kj} + \sum_{i=1}^{m}\sum_{j=1}^{n}C_{ij}Z_{ij} + \sum_{k=1}^{q}\left(F_{k}W_{k} + C_{k}\sum_{i=1}^{m}X_{ik}\right) \tag{7.5}$$

约束方程为

$$\sum_{k=1}^{q}X_{ik} + \sum_{j=1}^{m}Z_{ij} \leqslant a_{i}$$

$$\sum_{k=1}^{q}Y_{kj} + \sum_{i=1}^{m}Z_{ij} \geqslant b_{j}$$

$\sum_{i=1}^{m}X_{ik} - MW_{k} \leqslant 0$，$W_{k}=1$表示$k$被选中，$W_{k}=0$表示$k$被淘汰，则有

$$\sum_{i=1}^{m}X_{ik} = \sum_{j=1}^{n}Y_{kj}$$

$$X_{ik}, Y_{kj}, Z_{ij} \geqslant 0$$

式中：$X_{ik}$——从发生点$i$到备选枢纽场站$k$的运输量；

　　　$Y_{kj}$——从备选枢纽场站$k$到吸引点$j$的运输量；

　　　$Z_{ij}$——直接从发生点$i$到达吸引点$j$的运输量；

　　　$W_{k}$——备选枢纽场站$k$是否被选中的决策变量；

　　　$C_{ik}$——从发生点$i$到备选枢纽场站$k$的运输费率；

　　　$C_{kj}$——从备选枢纽场站$k$到吸引点$j$的运输费率；

　　　$F_{k}$——备选枢纽场站$k$选中后的基建投资；

　　　$C_{k}$——备选枢纽场站$k$单位运输量的中转费率；

　　　$M$——一个相当大的整数。

该模型的目标函数为总成本最低，由公式可以看出总成本是由发生点到备选枢纽点的运费、备选枢纽点到吸引点的运费、发生点直接到吸引点的运费、枢纽点建设费用以及中转费用几部分组成的。约束条件主要考虑了发生点到备选枢纽点的运输量以及直接从发生点到吸引点的运输量不大于总的发生量，而备选枢纽点到吸引点的运输量以及直接从出发点到吸引点的运输量不小于总的吸引量。考虑到供需平衡，假设总的发生量等于总的吸引量，该模型是一个混合整数规划模型，可以用"分支定界法"求解模型，求出选择的枢纽点 $W_k$，发生点到选择枢纽点的运输量 $X_{ik}$，选择枢纽点到吸引点的运输量 $Y_{kj}$，以及直接从发生点到吸引点的运输量 $Z_{ij}$。

这种方法在理论上是非常完善的，但仍然是对实际问题的简化，没有考虑枢纽场站规模的限制、建设成本、运营费用的非线性等实际影响因素。即使如此，由于考虑了枢纽场站基本建设投资，出现了0-1型整数变量，模型的建立和求解仍然很复杂，混合整数规划模型只能用于比较简单的交通网络中。

### 2. 运输规划模型

多元枢纽场站布局模型考虑了枢纽场地的基建投资，从而出现了0-1变量，导致必须采用比较复杂的混合整数规划法求解。但如果从一个较长的时间段来考虑，这部分建设投资对整个选址过程的经济效益的影响并不大，可以不在目标函数中考虑。这样混合整数规划模型就简化成如下线性规划模型

$$\min F = \sum_{i=1}^{m}\sum_{k=1}^{q}(C_{ik}+C_k)X_{ik} + \sum_{k=1}^{q}\sum_{j=1}^{n}C_{kj}Y_{kj} + \sum_{i=1}^{m}\sum_{j=1}^{n}C_{ij}Z_{ij} \tag{7.6}$$

约束方程为

$$\sum_{k=1}^{q}X_{ik}+\sum_{j=1}^{n}Z_{ij}=a_i$$

$$\sum_{k=1}^{q}Y_{kj}+\sum_{i=1}^{m}Z_{ij}=b_j$$

$$\sum_{k=1}^{q}X_{ik}+X_k=d_k$$

$$\sum_{k=1}^{q}Y_{kj}+Y_k=d_k$$

$$X_{ik},Y_{kj},Z_{ij}\geqslant 0$$

式中：$d_k$——备选枢纽场站 $k$ 最大可能设置的规模；

$X_k$——备选枢纽场站 $k$ 的吸引闲置能力；

$Y_k$——备选枢纽场站 $k$ 的发送闲置能力。

该模型的目标函数中，总成本是由发生点到备选枢纽点的运费、中转运费、备选

枢纽点到吸引点的运费、发生点直接到吸引点的运费组成的，没有考虑枢纽点的建设费用。约束条件中考虑了发生点到备选枢纽点的运输量以及发生点到吸引点的运输量等于总的发生量。备选枢纽点到吸引点的运输量以及发生点到吸引点的运输量等于总的吸引量，而发生点到备选枢纽点的运输量以及备选枢纽点的吸引闲置能力等于备选枢纽点的最大可能设置规模。同样，备选枢纽点到吸引点的运输量以及备选点的发送闲置能力等于备选枢纽点的最大可能设置规模。该模型采用表上作业法，可求得决策变量 $X_{ik}$ 和 $Y_{kj}$ 的值。

该模型求解比较成熟，但需事先确定备选枢纽站点集合的数量及位置，以及节点之间的运输价格。由于不同区域、不同运输方式、不同货物的运输价格差异较大，使得运输价格的确定具有相当的难度，模型中通常取一个宏观的统计值来统一表征运输价格。这样做的缺点是无法反映运输价格的变化，同时仅侧重交通枢纽内部站场数量、规模计算，缺乏对交通枢纽和交通网络一体化分析，也无法衡量交通枢纽所处交通网络的变化对枢纽规划的影响。

### 3. CFLP法

CFLP(capacity facility location problem)方法是针对交通枢纽场站规模有限的情况提出的一种方法，其运用运输规划模型，使计算工作大大简化。

该方法的基本思路是：首先，假设交通枢纽的场站布局方案已经确定，即给出一组初始场站集合，根据该初始方案，按照运输规划模型求出各初始场站系统的发生、吸引范围；其次，在各场站的服务范围内分别移动场站到其他备选地址，以寻找各服务范围内总成本最低的新场站位置；最后，比较新旧枢纽，用新场站位置代替初始方案，费用最低代之，依次迭代，直至整个交通枢纽的场站服务范围内的总成本不能再降低为止。

## 7.2.5 现代交通规划模型

前面介绍的数学物理模型和运筹学模型不能基于网络一体化进行分析，实际联系性不强，而且不能区别运输方式的差异性，在费用计算上过于笼统化。本节介绍的现代交通规划模型是考虑先寻找一个与其他交通方式联系密切的，可调整余地较大的基本交通方式，如公交运输系统。然后考虑网络特征，运用现代交通规划理论优化该基本交通方式的枢纽布局，从而带动整个枢纽的优化。现代交通规划模型利用"交通发生地—交通场站"和"交通场站—目的地"两个阶段来模拟使用综合交通枢纽，使公路站场的布局最大限度地保证各种交通方式的有机衔接，从而提高综合交通枢纽的运转效率。

### 1. 第一阶段模型(交通发生地—交通场站)

第一阶段模型在公路交通枢纽服务范围内，分别从其客、货发生源出发，根据UE(用户平衡)原理，选择各自认为最优的路径，到达客、货运站场。UE是指在用户均衡原则下，所有的出行者从自身的利益角度出发，寻找使自己的旅行时间最短的出行路径，且各出行者之间相互独立地做出路径选择。

从交通网络角度出发，采用交通规划的"四阶段法"配流，以期寻求枢纽节点选址的初始备选方案集。四阶段法是交通规划中的理论，它是指分析各场站在枢纽内部的分布情况，以及对路段走行时间、运输成本的影响，从而确定枢纽的数量和位置。

1) 第一阶段模型的两个假设

(1) 交通需求者对枢纽港站的选择，取决于该次出行的距离，而且按照费用最少的原则或最短路径原则选择通往场站的路径。

(2) 每个交通港站内部运营管理已达最优状态，即为出行者所满意，不存在顾客对其服务水平和能力的怀疑。

2) 计算步骤

在第一阶段，对外交通需求者利用城市道路来实现从出发地到交通港站的出行。这一部分交通量与城市交通混合在一起，主要具有城市交通流的特点，因此采用传统的四阶段交通需求法，分析它们在城市交通网络上的分布特征，并根据这一特征初步确定公路交通枢纽场站的备选集合，计算步骤如下所述。

(1) 确定综合交通枢纽服务范围。确定服务范围即确定客、货的流通区域。

(2) 以公路交通枢纽为基准，划分客、货运交通小区。交通小区指的是交通范围内的子区域，一般交通运输量都是由各个交通小区发生的。划分交通小区应以城市总体规划为依据，即需调查这个规划区域内的人口、土地现状，公路站场、铁路车站、航空机场、水运港口等站场的布局现状，然后结合这些现状去划分客、货运的各个交通小区。

(3) 确定交通网络结构。在现有交通网的基础上去确定交通网络结构，也就是先了解客、货运交通网络的现状，然后根据现有的交通网络，去确定规划的客、货运网络结构。

(4) 交通发生预测。根据对现状的调查，预测公路交通枢纽交通小区的客、货发生量和吸引量。

(5) 交通分布预测。首先对公路网中的机动车进行现状OD(O源于Origin，指出行的出发地；D源于Destination，指出行的目的地)调查，即OD交通量调查，也就是对从起点到终点之间的机动车交通出行量进行调查，然后在此基础上，对规划范围内的交通分布进行预测。

(6) 客、货运交通量分配。把上一步预测的客、货运的OD交通量在路网上进行分配，就可以得到每个路段上的客、货运交通流量，最后通过UE(用户平衡)方法对客流、货流在路网上进行分配。

(7) 初步确定客、货运枢纽场站的备选位置。一般选择连接路线多、通过交通量大的节点作为备选位置，该备选位置可作为第二阶段布局优化的备选位置。

### 2. 第二阶段模型(交通场站—目的地)

在第二阶段，旅客或货物到达枢纽的有关港站后，由运输企业根据企业的运营管理情况，按一定的时间、路线和配载方法，把它们运到目的地。在第一阶段得到公路交通枢纽站场的备选集合后，第二阶段模型采用物流学中求解"物流中心选址"问题的运筹学模型和方法，从备选集合中确认合适的站场位置。四阶段交通需求预测法预测的是道路交通量，而非与交通站场各项指标关系更为密切的客、货运的运输量，因此需要对综合交通枢纽的总运输量、分交通方式运输量进行预测，进而确定公路交通枢纽的组织量、适站量。

第二阶段模型的计算步骤如下所述

(1) 交通小区运量产生预测。对交通小区未来的客、货运发生量和吸引量进行预测。

(2) 确定运输网络结构。运输网络包括节点和线路，确定节点即需要确定发生点、转运点和吸引点三个节点。发生点由规划区域内部的各个交通小区构成，其发生量在第一阶段已计算得到。转运点指的是交通枢纽，该节点也可由第一阶段最后得到的场站备选集合得到。吸引点是由规划外的各大区构成，吸引量也已在第一阶段计算得到。

确定运输网络的线路即需要确定发生点到转运点、转运点到吸引点之间的线路。发生点到转运点的线路即需要确定它们之间的城市主干道，而转运点到吸引点的线路即需要确定它们之间的公路主干道。

(3) 确定广义费用矩阵。通过调查客、货运输市场，比如考察客、货运输的社会定价和实际运价，即可确定一个合理的客、货运价格函数。每一条路径的广义费用可以由走行时间价格和运输价格求和得到。走行时间指的是城市路网内从发生点到转运点的走行时间，该时间可根据第一阶段的交通量分配结果，然后采用最短路径法去计算。通过客货运价格函数，可以得到该走行时间所消费的费用，即走行时间价格。运输价格是从转运点到吸引点的最短距离所产生的价格，可取公路主干道的距离，然后根据客、货运价格函数，即可得到运输价格。

(4) 枢纽位置和规模计算。可以通过运筹学来建立转运模型。该转运模型以运输成本最小化作为目标建立目标函数，以总发生量不超过生产规模、总吸引量不小于需求规模、总发生量等于总吸引量作为约束条件，其计算数学模型为

$$\min F = \sum_{i=1}^{m}\sum_{k=1}^{q}(C_{ik}+C_k)X_{ik} + \sum_{k=1}^{q}\sum_{j=1}^{n}C_{kj}Y_{kj} + \sum_{i=1}^{m}\sum_{j=1}^{n}C_{ij}Z_{ij} \tag{7.7}$$

约束方程为

$$\sum_{k=1}^{q}X_{ik} + \sum_{j=1}^{n}Z_{ij} = a_i$$

$$\sum_{k=1}^{q}Y_{kj} + \sum_{i=1}^{m}Z_{ij} = b_j$$

$$\sum_{k=1}^{q} X_{ik} = \sum_{k=1}^{q} Y_{kj}$$

$$X_{ik}, Y_{kj}, Z_{ij} \geqslant 0$$

式中：$X_{ik}$——从发生点 $i$ 到备选枢纽场站 $k$ 的运输量；

$\qquad$ $Y_{kj}$——从备选枢纽场站 $k$ 到吸引点 $j$ 的运输量；

$\qquad$ $Z_{ij}$——直接从发生点 $i$ 到达吸引点 $j$ 的运输量；

$\qquad$ $C_{ik}$——从发生点 $i$ 到备选枢纽场站 $k$ 的运输费率；

$\qquad$ $C_{kj}$——从备选枢纽场站 $k$ 到吸引点 $j$ 的运输费率；

$\qquad$ $C_{ij}$——直接从发生点 $i$ 到吸引点 $j$ 的运输费率；

$\qquad$ $C_{k}$——备选枢纽场站 $k$ 单位运输量的中转费用。

通过对这个模型求解，就可以在第一阶段得到的备选方案中，选择合适的枢纽站点。此阶段计算结束后，可以得到一个综合交通枢纽的公路主枢纽场站的布局方案。

但是，一旦交通网络中出现了新的场站，交通网络的物理结构和交通流分布形态都可能发生改变。而之前的场站优化是基于没有场站的交通网络进行的。为了消除这个偏差，切实反映交通网络运行的实际情况，合理引导客、货流的分配，还要返回第一阶段，重新确定增加的场站交通网络，再分配一次。比较前后两次分配的路段交通流的偏差，如果满足一定的准则，则接受所得的场站集合，否则再循环进行第一、二阶段的计算，直至前后两次交通量分配结果的偏差满足要求。

**3. 现代交通规划模型的特点**

(1) 第一阶段实质上采用了交通规划的网络配流模型，第二阶段采用运输模型进行求解。

(2) 与以前介绍的方法不同，该模型能用理论分析方法去求备选方案集。

(3) 模型同时考虑了用户平衡原理和求系统最优原理，所以可操作性强。

(4) 求解过程复杂，通常要结合计算机技术来完成。

## ⊙7.3 城市综合交通枢纽规划实务案例

近年来，随着上海社会经济的快速发展和交通基础设施的不断完善，新一轮上海城市规划(2020)在许多领域提出了新的要求，包括城市定位、行业结构、空间布局、运输需求等。随着上海国际航运中心和亚太航空枢纽的建立，市域交通立体网络的形成，以及对外高速公路、高速铁路的建设，上海公路客、货运主枢纽的规划和建设也面临进一步调整、优化、细化和加快实施的紧迫任务。因此，市府交通办经过调查研究、科学预测和综合平衡，提出建设上海公路主枢纽的新思路，形成上海公路客运"三主、七辅、四旅游、一平台"和上海公路货运"二综合、四专业、若干区域站场、一个信息平台"的主格局。

## 7.3.1　客运主枢纽布局规划

**1. 客运主枢纽布局规划考虑因素**

客运主枢纽布局规划需要考虑以下因素：旅客运输的基本要求、省道客运的优势、省际汽车客运站布局规划原则等。

1) 旅客运输的基本要求

旅客运输的基本要求包括安全、及时、方便、舒适、经济。

2) 省道客运的优势

与航空、铁路等其他运输方式相比，省道客运更加快捷，但在运量、速度等方面落后于其他方式。

3) 省际汽车客运站布局规划原则

(1) 选址应充分考虑上海周边城市的主要道路、区域人口密度、出行概率和集疏便利性，尽量减少中转旅客数量，从而实现顺向乘车。

(2) 紧邻地铁、轻轨等大运量、快速轨道交通，方便城市发达公交线路的快速集散、衔接和换乘。

**2. 布局规划实施**

客运站分为主站、辅站、旅游站、过境站、新城和郊县站6个层次，另设1个信息平台，形成上海公路客运"三主、七辅、四旅游、一平台"的主格局。

1) 主站(3个)

选址要求：紧邻铁路客站旁，与城市轨道交通和公共线网相连，方便旅客换乘和分流。

(1) 长途客运总站，位于闸北区上海火车站北广场，毗邻地铁1号线和轻轨明珠线站台。周边公交网络完善，方便旅客集散和换乘。该站为市省际汽车客运第一大站，按日发班次700个左右、日均旅客发送量1.7万人次的能力建设。

(2) 长途客运南站，位于徐汇区上海火车南站南广场。地铁1号线与轻轨明珠线在此交汇。周边有完善的公共交通网络，可以为旅客提供集散、换乘等服务。该站按日发班次400个左右、日均旅客发送量1万人次的能力建设。

(3) 上海浦东长途客运站，紧邻规划中的浦东火车站，满足客流的集散和换乘需求。

2) 辅站(7个)

选址要求：位于居民聚集区，周边轨道交通或公共交通网络完善，便于旅客集散。

(1) 恒丰路客运站，位于市中心地区的恒丰路270号，靠近上海火车站南广场，地铁1号线途经此处。周边公共交通网络完善，以高速客运为主。该站按日发班次300个左右、日均旅客发送量0.7万人次的能力建设。

(2) 交通大众长途汽车站，位于沪西地区桃浦路168号，是沪西居民集聚区，毗邻火车西站，方便沪西和沪西北地区居民顺向乘车。该站规模为日发班次250个左右，日均旅客发送量0.6万人次。

(3) 五角场长途汽车站，位于沪东地区江湾五角场交通枢纽地区，是沪东地区居民集聚区，周边公共交通网络完善，方便沪东和沪东北部地区居民顺向乘车。该站日发班次350个左右，日均旅客发送量0.85万人次。

(4) 白莲泾汽车站，位于浦东新区浦东南路3843号，内环线以内，方便浦东新区南部居民就近乘车。该站日发班次250个左右，日均旅客发送量0.6万人次。

(5) 虹桥机场长途客运站，位于虹桥机场，有比较成熟的固定线路客运专线，方便换乘和衔接。原址改建后，更便于苏南、杭嘉湖地区的旅客集疏和换乘。该站日发班次100个左右，日均旅客发送量0.15万人次。

(6) 浦东机场长途客运站，位于浦东机场，该机场将发展成为亚太地区的航运枢纽，到2005年，客运能力达到2000万人次/年，方便航空、公路衔接，方便集疏和换乘。该站日发班次200个左右，日均旅客发送量0.3万人次。

(7) 沪太路长途客运站，位于沪太路、中山北路口。该站历史悠久，地理位置优越，规模大，日发旅客量为全市各客运站之首，暂保留该站为辅站。

3) 旅游站(4个)

选址要求：位于旅游景点附近，周边轨道交通或公共交通网络完善，方便外省市游客来沪旅游和本市游客出行。

(1) 上海旅游集散中心总站，位于沪西南地区上海体育场内，地铁1号线和轻轨明珠线途经此处，周边公共交通网络完善。该站日发班次150个左右，日均旅客发送量0.35万人次。

(2) 南市旅游站，位于沪东南地区南浦大桥浦西端附近，公共交通网络完善，便于旅客观赏大桥景观和到老城区购物、消闲、旅游。该站日发班次100个左右，日均旅客发送量0.25万人次。

(3) 峻岭广场旅游站，地处市中心地区的南京西路和成都路口，地铁二号线途经此处，公共交通网络完善，南北高架近在咫尺，配合南京路步行街，方便外省市游客旅游、购物。该站日发班次100个左右，日均旅客发送量0.25万人次。

(4) 浦东旅游站，位于浦东地区浦东南路以西、张杨路以北的滨江地带，毗邻地铁2号线，公共交通网络完善，方便外省市游客游览浦东。该站日发班次60个左右，日均旅客发送量0.15万人次。

4) 信息平台

主要功能：为省际汽车客运收集、汇总及发布信息，实施票务管理，办理计算机联网售票的委托和票款结算等。建设内容包括以下几个方面。

(1) 道路运输数据库。

(2) 公路客、货运能力数据库。

(3) 公路客、货运代理数据库。

(4) 省际道路客运时间表及门票数据库。

(5) 上海省际道路客运电脑联网票务平台。

## 7.3.2　货运主枢纽布局规划

### 1. 公路货运枢纽布局规划的原则

公路货运枢纽布局规划应遵循以下原则。

(1) 应符合上海市城市建设总体规划，适应交通市场的需要，便于城市交通管理，客、货分流，公路货运主枢纽宜设置在外环线附近，以适应"客走内环，货走外环"的需要。

(2) 枢纽应与公路、水运、航空、铁路干线网络能力相匹配，与海港、空港、铁路、内河的主要货运集散点相衔接，与市域快速立体交通网络相贯通，以利于提高综合运输效率。

(3) 应与城市布局相适应，货运枢纽应贴近工业区、开发区、商业区等货源生成地或集疏地，配以合理分布的货物受理点，方便托运，服务社会。

(4) 应兼顾规划超前性和实施可操作性，按统一规划、远近结合、新旧兼容、分期实施的原则，尽可能合理利用原有设施，以节省投资，提高效益。

(5) 应充分发挥道路货运线多、面广、直达、方便等优势，实现公路、场站、车辆等的协调发展，改革创新，促进道路货运向网络化和现代物流发展。

### 2. 布局规划方案

货运站包括两个综合物流中心、四个专业物流中心、一些区域货运或混合运输以及特别货运站和一个道路货运管理信息中心，形成上海公路货运"二综合、四专业、若干联运或专用或区域性场站、一个信息中心"的主格局。

1) 两个综合物流中心

分别贴近市域西南(闵行)、西北(普陀)公路大通道，为江、浙两大方向货源的公路集疏运服务。

(1) 西北综合物流中心。

选址：在已建成的外环线外、沪嘉高速公路与沪宁高速公路之间。

功能：集货运配载、交易、信息服务、停车、仓储、加工配送等于一体，兼汽修、汽配、加油、清洗、住宿、娱乐、餐饮等配套服务，同时，吸纳本市公路快运公司和物流企业进驻，使之成为省际道路货运和市域货运的集散点以及长途大型货车和市内小型专用车辆的换装点。该物流中心主要为长江三角洲、华中和北方地区提供道路货运服务，占地面积2000亩，年货物处理能力800万吨。

(2) 南方综合物流中心。

选址：在已建成的外环线外侧、沪杭高速公路(320国道)的出口处。

功能：该中心与西北综合物流中心功能相似，主要为杭嘉湖地区、南方地区和西南地区的道路货运服务，占地面积1400亩，年货物处理能力500万吨。

2) 四个专业物流中心

四个专业物流中心分别为芦潮港海港城、浦东机场、金桥出口加工区、漕泾化学工业区。

(1) 芦潮港海港城物流中心，位于芦潮港交通主干道附近，主要为大小洋山集装箱深水港区提供堆存、中转、拆装箱和相关业务。国际集装箱的年处理能力为500万TEU。

(2) 浦东机场物流中心，位于浦东机场，靠近交通主干道，主要为浦东机场的航空货运提供中转、集散服务。年处理航空货邮量为500万吨。

(3) 金桥出口加工区物流中心，位于金桥东南侧外环线内，西南面是金桥出口加工区和张江高科技园区，东北是五号沟港区，西边是黄浦江沿江港口。该中心的主要功能是充分利用区位优势和国际知名企业集中的优势，为金桥开发区和浦东新区的各类企业提供国际和国内的现代物流服务，成为上海物流产业发展的导入区和示范区，同时提供公水、公铁联运和货物运输代理、中转、储运服务。该中心占地面积250亩，年处理货物能力250万吨。

(4) 漕泾化学工业区物流中心，位于郊区环线金山区境内，地处金山嘴港区附近，主要为进出金山漕泾工业区的化工物品运输服务。该中心占地面积300亩，年处理货物能力为200万吨。

3) 若干联运或专用或区域性场站

这些货运站包括与主要集装箱港区配套的集装箱公路组合站、公铁中转货运站，以及宝山、奉贤、松江、崇明、金山、青浦、南汇等货运站。

(1) 沿江集装箱货运组合站，位于黄浦江入口和长江口的张华浜、军工路、宝山、外高桥港区附近，形成若干个集装箱货运中转站，基本功能是为港区的集装箱提供堆存、拆装箱、修理、清洗及"一关三检"等服务。年处理国际集装箱的能力为500万TEU。

(2) 铁路联运中转货运站，在铁路西站和铁路北郊站附近建立铁路联运中转货运站，主要功能是为铁路货运提供中转、仓储和联运服务。占地面积为100亩，年处理货物能力为200万吨。

(3) 区域性货运站，主要在宝山、松江、奉贤、崇明、金山、青浦、南汇等区县设立区域性货运站。

4) 一个道路货运管理信息中心

管理信息中心的主要职能为：接受、汇总、储存、传输货运行情信息，及时、全面地反映道路货运交易供求状况、运力和运量需求信息，提供各种代理、结算、协调服务和集合竞价交易场所等，为各级管理部门提供辅助决策工作。

该中心的建设和规划可从目前省际货运配载市场的主市场建设入手，进一步完善和提升现存的道路货运交易市场的功能，加快计算机管理系统和信息网络的建设，增强吸引力，扩大知名度，使之逐步达到道路管理信息中心的要求，成为道路货运的"信息港"，最终建成上海公路货运交易所。

# 【习 题】

1. 交通枢纽布局规划的原则是什么？
2. 交通枢纽规划包括哪几个层次？
3. 交通枢纽布局规划方法有哪些？
4. 数学物理模型和运筹学模型包括哪些？各自的特点是什么？
5. 现代交通规划模型两个阶段的作用分别是什么？

[1] 王建军，严宝杰. 交通调查与分析[M]. 北京：人民交通出版社，2004.

[2] 王殿海. 交通流理论[M]. 北京：人民交通出版社，2002.

[3] 张超，李海鹰. 交通港站与枢纽[M]. 北京：中国铁道出版社，2004.

[4] 刘志萍. 运输港站与枢纽[M]. 成都：西南交通大学出版社，2018.

[5] 胡永举. 交通港站与枢纽设计[M]. 北京：人民交通大学出版社，2012.

[6] 马斌，余梁蜀，黄自瑾. 路桥工程[M]. 西安：西安地图出版社，2001.

[7] 严宝杰. 交通调查与分析[M]. 北京：人民交通出版社，1994.

[8] 唐阳山，陈学文，徐兆. 交通流分析[M]. 沈阳：东北大学出版社，2014.

[9] 周世红，李月姝. 公路勘测技术[M]. 北京：北京邮电大学出版社，2014.

[10] 张亚平，程国柱. 道路通行能力[M]. 北京：中国建筑工业出版社，2016.

[11] 陆化普. 交通规划理论与方法[M]. 北京：清华大学出版社，2006.

[12] 杨少伟，徐岳. 高速公路立交工程[M]. 北京：人民交通出版社，2001.

[13] 李得伟，韩宝明. 行人交通[M]. 北京：人民交通出版社，2011.

[14] 李淑庆. 交通工程导论[M]. 北京：人民交通出版社，2010.

[15] 段里仁. 城市交通概论：交通工程学原理与应用[M]. 北京：北京出版社，1984.

[16] 毛保华. 城市轨道交通[M]. 北京：科学出版社，2001.

[17] 李伟，王凤池. 高速公路规划与设计[M]. 北京：机械工业出版社，2012.

[18] 张亚平. 道路通行能力理论[M]. 哈尔滨：哈尔滨工业大学出版社，2007.

[19] 师郡. 道路勘测设计[M]. 北京：机械工业出版社，2010.

[20] 刘东. 交通调查与分析[M]. 北京：中国人民公安大学出版社，2008.

[21] 胡明伟. 交通工程学[M]. 北京：中国计量出版社，2012.

[22] 姜桂艳，丁同强. 交通工程学[M]. 北京：国防工业出版社，2007.

[23] 赵水仙，连义平. 铁路线路与站场[M]. 成都：西南交通大学出版社，2006.

[24] 张新天，罗晓辉. 道路工程[M]. 北京：中国水利水电出版社，2001.

[25] 许伦辉，罗强. 交通流理论习题解集[M]. 北京：人民交通出版社，2010.

[26] 韩增林，安筱鹏. 集装箱港口发展与布局研究[M]. 北京：海洋出版社，2006.

[27] 荣朝和，魏际刚，胡斌. 集装箱多式联运与综合物流[M]. 北京：中国铁道出版社，2001.